LA PHOTOGRAPHIE AU MUSÉE D'ORSAY

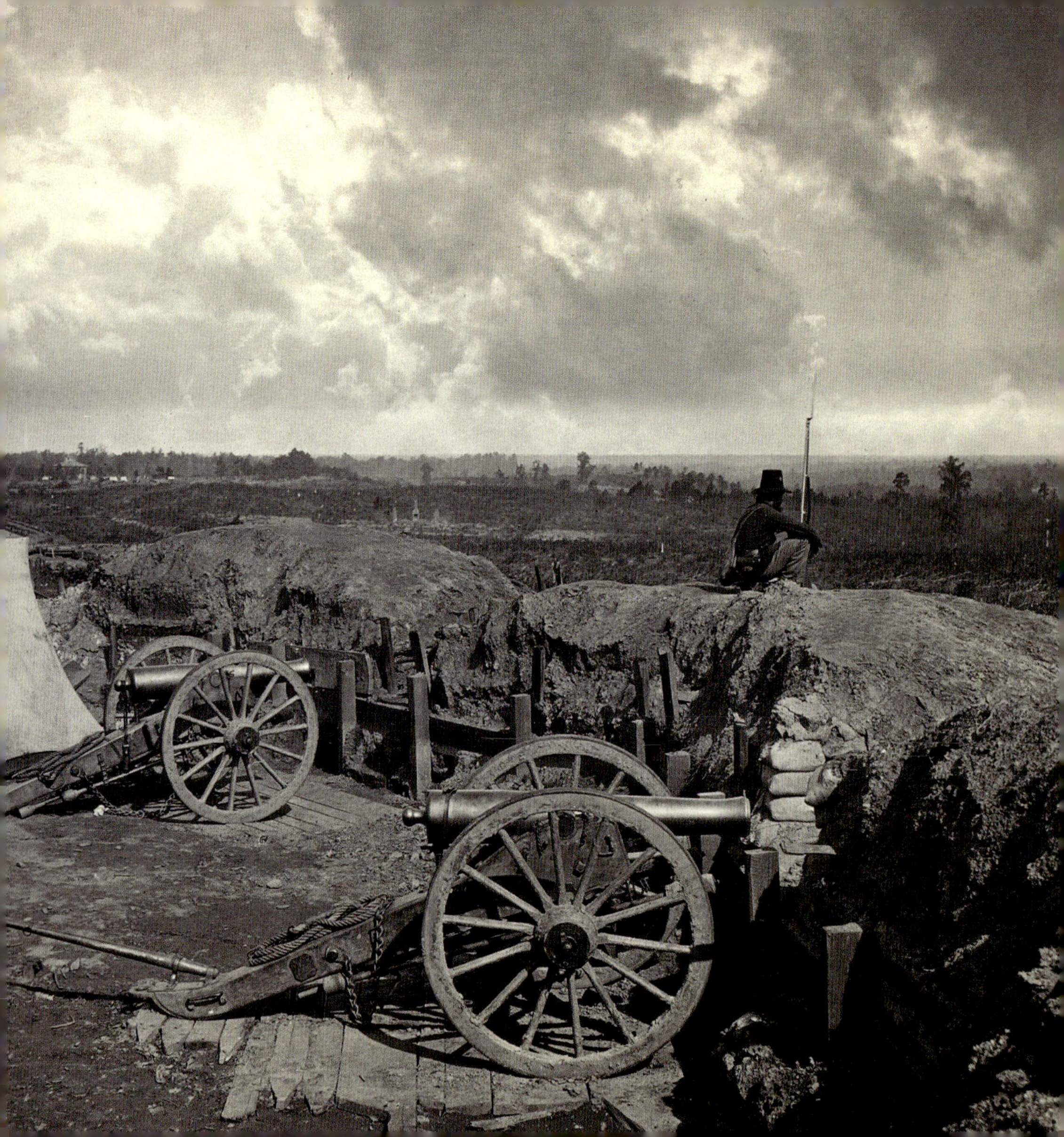

Joëlle Bolloch

Photographies de guerre

M'O

5 CONTINENTS

Cette collection est dirigée par Serge Lemoine, président du musée d'Orsay. Les œuvres reproduites dans cet ouvrage appartiennent à la collection du musée d'Orsay et y sont conservées.

L'auteur tient à remercier tout particulièrement Serge Lemoine ainsi qu'Annie Dufour et Patrice Schmidt, Zoé Forget, Fabrice Golec, Pierre-Yves Laborde, Laurent Stanich qui l'ont assistée dans la préparation de l'exposition et du catalogue.

www.musee-orsay.fr
info@5continentseditions.com

ISBN Musée d'Orsay : 2-905724-07-2
ISBN 5 Continents Éditions : 88-7439-164-1

Couverture
Marcus Sparling
Zouave 2nd Division (Portrait of Roger Fenton), 1855

Pour le Musée d'Orsay

Responsable des publications
Annie Dufour
Assistée de
Marie Hurtrel

Photographies et numérisation
Patrice Schmidt

Pour 5 Continents Éditions

Suivi éditorial
Laura Maggioni

Conception graphique et mise en page
Lara Gariboldi

Secrétariat de rédaction
Anne-Marike Linnebank

Photogravure
Eurofotolit, Cernusco sul Naviglio (Milan)

Cet ouvrage a été achevé d'imprimer sur les presses de Leva Arti Grafiche, Sesto San Giovanni (Milan) en juin 2004.

Dépôt légal : juin 2004

Imprimé en Italie

Sommaire

Joëlle Bolloch

Photographies de guerre

De la Crimée à la Première Guerre mondiale

Les guerres ont de tous temps suscité l'intérêt des artistes, et leurs images celui du public. Une visite de la galerie des Batailles, créée à l'initiative de Louis-Philippe au sein du château de Versailles dans le but de raconter l'histoire de France à travers les grandes batailles qui l'ont jalonnée, suffirait, s'il en était besoin, à en témoigner. Traditionnellement, sur le terrain ou dans leur atelier, peintres et dessinateurs ont représenté les moments forts des conflits, célébré les hommes qui les menaient ou dénoncé les horreurs de la guerre. L'arrivée de la photographie modifie la donne et, après une période de cohabitation aux abords des champs de bataille, les peintres d'histoire vont peu à peu déserter le terrain au profit des photographes. Les photographies conservées dans les collections du musée d'Orsay permettent de suivre l'évolution de ce phénomène à travers trois des conflits majeurs de la seconde moitié du XIXe et du début du XXe siècle : la guerre de Crimée, la guerre de Sécession et la Première Guerre mondiale.

Crimée : la première guerre photographiée

La guerre de Crimée était en germe dès l'accession au trône, en 1825, du tsar Nicolas Ier qui avait affirmé sa volonté de démanteler l'Empire ottoman. En 1852, estimant le moment venu de prendre pied à Constantinople, il envoie des troupes envahir les provinces semi-autonomes danubiennes : la Moldavie et la Valachie. Le 23 octobre 1853, l'Empire ottoman déclare la guerre à la Russie, cinq mois plus tard la France et l'Angleterre s'engagent aux côtés des Turcs. La première phase de la guerre a pour cadre les provinces roumaines ; Karl Baptist von Szathmari, photographe installé à Bucarest, se rend sur les lieux et y réalise des clichés, paysages et portraits, dont deux cents figureront à l'Exposition universelle de 1855, à Paris. *La Lumière*, périodique français consacré à la photographie, rend compte de cette présentation, et le journaliste et critique Ernest Lacan accordera une large place aux clichés de Szathmari dans son texte *Esquisses photographiques. À propos de l'Exposition universelle et de la guerre d'Orient*, publié en 1856.

Mais, très vite, l'essentiel des hostilités se concentre en Crimée, autour de Sébastopol défendue par les Russes. Pendant les premiers mois du siège de la ville, commencé en mars 1854, l'organisation dans le camp des alliés est déplorable, la faim et la maladie sévissent et déciment les troupes. L'opinion publique anglaise est hostile à la guerre, en grande partie suite aux articles du correspondant du *Times*, William Howard Russell. Pour lutter contre cette impopularité, la reine Victoria demande à Roger Fenton, proche de la famille royale, de réaliser un reportage photographique sur le conflit. Financé par l'éditeur Thomas Agnew, Fenton, assisté de Marcus Sparling et accompagné d'un dénommé Williams, qui joue sans doute le rôle de cuisinier, s'embarque avec un matériel impressionnant. Une ancienne voiture de marchand de vin transformée en laboratoire sert à transporter les sept cents plaques, les cinq chambres noires, les produits chimiques, soit trente-six caisses de matériel, ainsi que la nourriture pour les hommes et les chevaux. Fenton débarque dans le port de Balaklava puis gagne Sébastopol en mars 1855, à un moment où les conditions climatiques sont favorables à l'utilisation des plaques au collodion humide : « Dans cette période jusqu'au commencement du printemps, la lumière et la température étaient tout ce qu'un photographe peut désirer de mieux » rapportera-t-il. Il réalise de nombreux clichés du siège de la ville mais occulte la violence des combats. Les raisons en sont autant techniques – la longueur des temps de pose, entre dix et vingt secondes – qu'idéologiques. Il ne faut pas négliger non plus les risques pris lors des déplacements avec un atelier dans un véhicule qui pouvait facilement être soupçonné de transporter du matériel militaire et constituer une cible. Ce sont donc des champs de bataille déserts, avant ou après l'action, et des scènes posées qui constituent l'essentiel de sa production.

La saison s'avançant, la lumière devient plus forte, la température plus chaude. Le collodion sèche trop vite, les bains de nitrate d'argent doivent être renouvelés plus souvent ; heureusement le chef de l'équipe médicale sollicité peut fournir du nitrate en quantité suffisante. Reste à régler le problème des mouches : « La première chose à faire était de se battre avec elles pour rester maître du terrain ; quand la lutte à coups de mouchoirs et de serviettes était terminée, que les intruses avaient été mises en fuite, aussitôt après la dernière sortie, il fallait fermer brusquement la porte de peur d'une nouvelle invasion et laisser à la poussière, que la lutte avait soulevée, le temps de se reposer avant d'enduire une plaque » raconte Fenton dans sa « Narration d'une excursion photographique au théâtre de la guerre en Crimée » publiée dans la *Revue photographique* du 5 février 1856. Le photographe profite alors des seules heures propices au travail, très tôt le matin, pour faire poser les chefs militaires : « Le général Pélissier, avec qui j'ai déjeuné ce matin, vient après-demain à cinq heures du matin. Il est impossible de travailler après neuf ou dix heures à cause de la chaleur intense, qui fait sauter les bouchons de mes bouteilles, et abîme toutes les images. » Il s'attache particulièrement à montrer la diversité ethnique du camp allié : Croates, Égyptiens, Macédoniens, zouaves et tirailleurs algériens.

Le musée d'Orsay conserve un album intitulé *Incidents of Camp Life* (cat. 1 à 13), qui rassemble une soixantaine de clichés dont la sérénité contraste avec le contenu des lettres adressées par Fenton à sa femme ou à son éditeur, et dans lesquelles il laisse libre cours à ses émotions. Le photographe a le privilège d'assister, à l'aube du 6 juin 1855, au conseil de guerre qui réunit les trois chefs alliés, Lord Raglan, Omer-Pacha

et le général Pélissier, avant l'attaque du Mamelon vert, l'une des batailles décisives remportées par les alliés au prix d'énormes pertes, dont celles de nombreux officiers avec lesquels le photographe s'était lié d'amitié. Durant la nuit qui suit le combat, il veille son propre beau-frère, blessé au bras, tandis qu'il entend, dans les tentes voisines, les gémissements des mourants. Fatigué, déprimé par l'échec d'une nouvelle tentative d'entrée des alliés dans Sébastopol, Fenton quitte Balaklava le 26 juin 1855, juste à temps pour échapper à l'épidémie de choléra qui fit de nombreuses victimes dont Lord Raglan, le commandant en chef des troupes britanniques.
Il revient à Londres avec trois cent soixante clichés dont trois cents seront exposés dès le mois d'octobre à la Gallery of the Water Colour Society de Pall Mall East, à Londres. Le couple royal britannique se rend à Paris pour l'Exposition universelle, apportant avec lui une vingtaine de photographies. Napoléon III, séduit, convoque Fenton et son éditeur Agnew à Saint-Cloud pour leur commander des tirages. Si le succès commercial n'est pas au rendez-vous, Fenton et ses œuvres reçoivent pourtant un accueil enthousiaste. Ernest Lacan, cité plus haut, décrit avec emphase plusieurs clichés qui figurent dans l'album *Incidents of Camp Life* : « Mais M. Fenton a fait mieux encore : il nous a introduits dans l'intérieur des camps et nous a initiés à la vie du soldat en Crimée. [...] Pendant que le soldat prépare ses armes, le général Bosquet, debout avant l'heure, donne ses ordres aux officiers qui l'entourent. Il y a dans l'attitude du brave général toute l'énergie du soldat qui méprise les obstacles, tout le calme du chef qui sait comment on doit les vaincre. Le bras droit levé, il indique du doigt le point de nos attaques où devra se porter chacun de ceux qui l'écoutent. Tout son corps suit l'énergique mouvement de sa main. Sa belle figure porte l'expression de la pensée, du courage et de la fermeté. Il y a surtout dans le regard cet éclair qui électrise les troupes et leur fait faire des prodiges. Les officiers, attentifs, suivent des yeux

le geste de leur général, pendant que l'un d'eux inscrit ses ordres. Ce groupe, que les rayons du soleil levant éclaire de côté, forme un admirable tableau, plein de vérité, de mouvement et de vie » (cat. 1).

Fenton a quitté la Crimée avant d'avoir vu la chute de Sébastopol qui ne se produira que le 8 septembre 1855, lorsque, après trois mois de combats, le dernier fort, la tour Malakoff (cat. 20), finit par tomber aux mains des Français conduits par Mac-Mahon. Un autre photographe britannique, James Robertson, entre alors dans ce qui reste de la ville après trois cent quarante jours de siège et photographie les batteries abandonnées et les bâtiments avant leur destruction par les alliés. Quelques planches de l'album *Souvenirs d'Orient*, acquis par le musée d'Orsay en 1983, illustrent cet épisode.

Napoléon III, convaincu par les clichés de Fenton, décide d'envoyer à son tour une expédition en Crimée. C'est un tandem, formé de Jean-Charles Langlois, militaire de carrière et peintre d'histoire, et d'un jeune photographe, Léon-Eugène Méhédin, qui est envoyé sur place à la mi-novembre 1855. Langlois s'est fait une spécialité des panoramas célébrant les grandes victoires militaires françaises. D'ordinaire, il réalise des croquis préparatoires, cette fois il compte les remplacer par des clichés pris sur place. Le temps lui est compté : « En arrivant, j'ai fait suspendre la destruction de ce que je n'avais pas encore terminé ; c'étaient trois batteries près de la tour Malakoff ; je les ai faites toutes les trois, à mesure que l'une d'elles était finie, les démolisseurs s'en emparaient. » Le séjour des deux hommes, qui prend fin en mai 1856, est très documenté grâce à l'abondante correspondance entretenue par Langlois avec son épouse restée à Paris. Il y fait état des conditions climatiques très rudes qui retardent le travail, de la mauvaise entente qui règne entre les deux partenaires, différends qui naissent de la volonté de Méhédin de rapporter des clichés « pittoresques » et, surtout, de sa mauvaise maîtrise de la technique photographique qui amène Langlois à opérer lui-même. Très au fait des

découvertes et des évolutions, ce dernier n'a de cesse d'obtenir de sa femme l'envoi des produits nécessaires pour réaliser des négatifs sur verre au « collodion recouvert d'albumine et employé à sec », suivant le procédé présenté par Taupenot dans le *Bulletin de la Société française de photographie* du mois de septembre 1855. Malheureusement, Méhédin, qui a déjà des difficultés avec l'usage des négatifs papier, ne parviendra pas à utiliser le collodion avec succès. Les négatifs, finalement rapportés à Paris en juin 1856, seront développés par Frédéric Martens, photographe de Napoléon III.
Le musée d'Orsay possède un ensemble complet des quatorze clichés formant un panorama (cat. 14 à 19), réalisés à partir de la tour Malakoff, point clé de la défense de la ville. Au mois d'août 1860, le public parisien pourra découvrir le *Panorama de Sébastopol*, peint d'après ces clichés, dans une rotonde construite au rond-point des Champs-Élysées par l'architecte Gabriel Davioud, aujourd'hui théâtre du Rond-Point. De ce panorama, remplacé en 1865 par celui de Solferino, réalisé également par Langlois, ne restent aujourd'hui que des esquisses, conservées au musée des Beaux-Arts de Caen, tandis que le panorama peint par Franz Alekseevich Rubo à l'occasion du cinquantième anniversaire du siège, inauguré en 1905 en Ukraine, à Sébastopol, est encore en place aujourd'hui.

Guerre de Sécession : la photographie, un outil pour l'armée

Quatre années durant, aux États-Unis, d'avril 1861 à avril 1865, la guerre de Sécession oppose les États du Nord, peuplés, puissants, en voie d'industrialisation, aux États du Sud, dont l'économie essentiellement agraire repose sur une main-d'œuvre d'esclaves venue d'Afrique. Dès le début des hostilités, de nombreux photographes se rendent sur le terrain, parmi lesquels Matthew Brady, portraitiste américain de renom, un des premiers à se lancer dans l'aventure. Le « Brady's Photographic Corps » devient vite célèbre parmi les troupes pour lesquelles les chambres noires tirées par des chevaux deviennent familièrement les « What-Is-It ? » wagons. Parmi les collaborateurs de Brady figurent Alexander Gardner, Timothy O'Sullivan et George N. Barnard. Mus par un souci d'objectivité qui fait la valeur exceptionnelle de leurs clichés, ils assurent une couverture photographique du conflit moins édulcorée que celle de leurs confrères de la guerre de Crimée. Ainsi n'hésitent-ils pas à en photographier les victimes humaines, blessés, cadavres, mais les clichés de Barnard rassemblés dans l'album *Photographic Views of Sherman's Campaign*, conservé au musée d'Orsay, montrent essentiellement des paysages vides et des ruines (cat. 22 à 31).

En effet, après avoir travaillé aux côtés de Brady durant les premiers temps du conflit, Barnard a été engagé, fin décembre 1863, dans la section topographique de la division militaire du Mississippi. Sous la direction de l'ingénieur Orlando Poe, il est chargé de fournir à l'état-major les éléments nécessaires à l'élaboration de cartes, de plans, et à la conduite des opérations. Il suit les troupes du général Sherman qui marchent sur Atlanta, centre du réseau de communications des confédérés, dont elles s'emparent en septembre 1864 avant de partir en direction de Savannah, sur la côte est, puis de remonter vers Charleston, incendiée en février 1865.

Après la guerre, Barnard eut l'idée, encouragé par Poe et Sherman, d'éditer, en souscription, un album réunissant soixante et une planches. Ces clichés, des épreuves sur papier albuminé à partir de négatifs verre au collodion humide de grand format (vingt-cinq centimètres sur trente-cinq), sont d'une remarquable précision dans les détails et révèlent une grande maîtrise du traitement de la lumière. Les planches de l'album sont présentées de manière chronologique, suivant le mouvement des troupes.

Ainsi les trente premières sont-elles consacrées à la marche entre Tennessee et Atlanta, marche lente à travers des terrains montagneux et des zones forestières où les combats furent intenses. Elles montrent des arbres déchiquetés, des fortifications construites à la hâte, des ponts de bois installés à la place des ponts de pierre détruits (cat. 24). La signification des images ne s'éclaire que si l'on a connaissance du contexte, aussi Barnard a-t-il rédigé une brochure de trente-deux pages pour accompagner le portfolio, expliquant en détail le déroulement des opérations. Avec l'entrée dans Atlanta, le photographe se concentre sur la prise des positions ennemies, les voies ferrées détruites, la ville transformée en camp retranché, vidée de ses populations civiles (cat. 28 et 29). Les troupes de Sherman quittent Atlanta en feu pour se diriger vers la côte est, précisément vers Savannah. Cet épisode ne fait tout d'abord pas l'objet de photographies de la part de Barnard qui justifie cette absence d'images par la rapidité du déplacement. Cette raison avancée n'est peut-être pas la seule, il est possible que le photographe n'ait pas souhaité montrer les traces des exactions auxquelles se sont livrées les troupes, avec l'autorisation implicite de leur hiérarchie. Barnard retournera sur place, en 1866, afin de reprendre quelques photographies qu'il estimait nécessaires pour compléter sa publication. Le périple visuel se termine avec une quinzaine de vues montrant les destructions causées aux villes de Savannah, Columbia et Charleston (cat. 30 et 31).
L'album présente un intérêt esthétique autant que documentaire et fut très admiré par les critiques, notamment par ceux des périodiques américains : « Ces photographies représentent des lieux significatifs, des champs de batailles célèbres, des installations militaires ; et, par le soin et la pertinence accordés au choix des points de vue, la délicatesse de l'exécution, l'envergure du traitement, la fidélité de l'atmosphère, elles surpassent n'importe quelles autres vues déjà produites dans le pays, qu'elles soient ou non en relation avec la guerre », (*Harper's Weekly*, 8 décembre 1866).

Première Guerre mondiale : photographie à usages multiples

Avec la Première Guerre mondiale, l'usage de la photographie change de nature. Le ministère de la Guerre, en accord avec celui des Affaires étrangères et celui de l'Instruction publique et des Beaux-Arts, prend en charge la couverture officielle des combats. Une section photographique de l'armée est créée quelques mois après le début du conflit et détient, officiellement, le monopole de la prise de vue. Les photographes engagés dans cette section – on en comptera cinquante-neuf en mai 1916 – restent anonymes : ils signent d'une simple lettre suivie d'un chiffre, et doivent à la fois assurer un rôle de propagande en servant l'idéal patriotique et conserver et mettre à la disposition des générations futures une documentation fiable et clairement située dans le temps.
Si cette production officielle n'est pas représentée dans les collections du musée d'Orsay, celles-ci reflètent néanmoins la multiplicité des formes prises par la couverture photographique de l'événement. Y figurent quelques exemples de l'utilisation, toute nouvelle, de la photographie aérienne (cat. 32 et 33) qui permet d'observer les positions ennemies, les lignes de défenses, les positions des troupes et d'établir des cartes destinées à l'artillerie. On y trouve également des témoignages de ce qui se passe à l'arrière, notamment du travail des femmes dans les ateliers, en l'occurrence ceux des établissements Monduit, une fonderie installée près du parc Monceau, à Paris (cat. 50 et 51).
Mais la grande nouveauté réside dans l'utilisation de la photographie par les soldats eux-mêmes. Depuis 1888, la firme Kodak a mis sur le marché de petits appareils légers et d'un maniement facile. Parmi les soldats, beaucoup possèdent ce type d'appareil, confirmant l'assertion du journaliste Jules Claretie : « Le vrai peintre

de la guerre aujourd'hui, le plus féroce, c'est le Kodak. » Si l'usage des appareils personnels est officiellement interdit, l'État, soucieux de pallier le manque d'images durant les mois précédant la création de la section photographique de l'armée, s'efforcera de récupérer une partie des clichés réalisés malgré tout. Par ailleurs, des journaux comme *Le Miroir*, *J'ai vu*, *Sur le vif*, *Sur le front* ou *L'Excelsior* sont prêts à les payer très cher.

L'essentiel de la production reste néanmoins privé et les innombrables photographies ainsi recueillies ont été conservées dans les familles, rassemblées en albums, souvent légendées par leurs auteurs. Ainsi deux albums, intitulés *Georges Salles* [petit-fils de Gustave Eiffel] *pendant la Première Guerre mondiale*, sont entrés au musée d'Orsay avec le fonds Eiffel, en 1981. Ils réunissent des portraits de soldats, des photographies de ruines et des paysages des environs de Soupir. Les combats et les destructions ont en effet été intenses dans cette zone située dans le département de l'Aisne, au nord-est de la France, non loin du chemin des Dames (cat. 40 à 45).

La mère de Georges, Claire Salles, dirigeait l'hôpital auxiliaire de l'Union des femmes de France, situé rue La Fayette, à Paris. Le photographe Henri Manuel a réalisé en 1916 des photographies du personnel de cet hôpital, des malades et des installations, qui ont été rassemblées en albums souvenirs (cat. 46 à 49).

Au fil des pages des albums regroupés dans le fonds du photographe Charles Lhermitte, fils du peintre Léon Lhermitte, sont disséminés des clichés qui montrent des opérations de déminage (cat. 36 à 39) ou encore des images de la foule rassemblée à Paris, place de la Concorde et sur les Champs-Élysées, le 11 novembre 1918. Cet épilogue heureux fait également l'objet de quelques-uns des nombreux autochromes donnés au musée d'Orsay en 1990 par les filles du photographe et homme politique Étienne Clémentel (cat. 54 et 55).

Hors des champs de batailles, des images évoquent la vie dans le camp de Holzminden (cat. 56 à 62) à la fin de l'année 1916 ou au début de 1917, et témoignent de la vie des prisonniers. Trois cents civils du nord de la France, notamment, ont été internés dans ce camp situé dans le duché de Brunswick. Ils ont été pris en otage en novembre 1916 afin de faire pression sur le gouvernement français qui tardait à libérer les fonctionnaires impériaux internés dans des camps, en France et en Algérie, lors de l'arrivée des troupes françaises en Alsace. Les otages français sont issus du même milieu socioprofessionnel que les Allemands emprisonnés : juristes, avocats, médecins ou ingénieurs comme l'auteur de ces clichés, M. Boudinhou, lui-même détenu. Ils y côtoient des Allemands jugés « indésirables » qui y ont été internés dès la déclaration de guerre, prisonniers de droit commun, pacifistes, prostituées…
Les photographies montrent la vie quotidienne au camp, qui comptait une centaine de baraquements entourés d'une enceinte de deux mètres de haut dominée par des miradors. Si l'aspect du camp n'est pas sans évoquer ceux de sinistre mémoire de la Seconde Guerre mondiale, la comparaison s'arrête là. Les prisonniers, qui portent un brassard sur leurs vêtements civils, semblent circuler librement à l'intérieur du camp dans lequel une vie sociale est reconstituée : ateliers, chapelle, cafés, studio de photographie…

Les œuvres présentées ici proviennent des collections du musée d'Orsay. N'y figurent pas la campagne d'Italie (1859), la guerre franco-prussienne et la Commune qui l'a suivie (1870-1871), dont le musée ne conserve que peu de traces photographiques. Quant aux trois conflits abordés, bien d'autres institutions françaises (le musée de l'Armée, la Bibliothèque nationale de France, le musée de la Marine, l'Historial de la Grande Guerre à Péronne, le musée d'Histoire contemporaine aux Invalides à Paris...) et étrangères sont également riches sur ces sujets.

Notices

Roger Fenton (Crimble Hall, Lancashire, Royaume-Uni, 1819 – Londres, Royaume-Uni, 1869), album *Incidents of Camp Life*, édité par Thomas Agnew and Sons, 1856. Épreuves sur papier salé à partir de négatifs verre au collodion humide.

1. *General Bosquet and Staff*, 1855, planche n° 1 de l'album, 16,5 x 15,5 cm.
PHO 1982 62 1
Le général Bosquet a pris une part active à la victoire du camp allié. Déjà présent à la tête de la 2e division lors des batailles de l'Alma et d'Inkermann qui ouvrirent le chemin de Sébastopol, il commandera les troupes françaises lors de la prise du Mamelon vert et de l'assaut décisif contre la tour Malakoff.

2. *Cantinière*, 1855, planche n° 3 de l'album, 16,3 x 12,5 cm.
PHO 1982 62 3
« Parmi les dessins pris dans le camp français [...] une cantinière, prêtresse du petit verre, semble avoir fait sa toilette exprès pour poser, tant elle est propre, accorte et coquette », (*Revue photographique*, n° 2, décembre 1855, p. 19). Dans les décennies qui ont suivi la naissance de la photographie, le terme « dessin » est fréquemment utilisé pour désigner une photographie.

3. *Group of Croat Chiefs*, 1855, planche n° 5 de l'album, 18,3 x 15,4 cm.
PHO 1982 62 5
Pour aider Fenton à débarquer son matériel et à installer une baraque où l'entreposer, l'état-major met à sa disposition une « escouade de Croates », terme qui désigne non seulement les soldats croates mais également des sujets asiatiques du sultan, arrivés à Sébastopol où ils font office de mercenaires.

4. *Cooking House of the Eighth Hussars*, 1855, planche n° 6 de l'album, 19 x 16,2 cm.
PHO 1982 62 6
« Avez-vous faim ? Voici la cuisine du 8e hussards. La soupe fume dans les gamelles, le fourrier distribue les portions ; prenez place ! les sièges ne manquent pas ; c'est le rocher qui les fournit. Voyez avec quel appétit les convives font honneur au festin, et comme ce soldat qui vient de s'arrêter à deux pas, et que l'on n'a point invité, regarde avec convoitise ce qui reste du savoureux potage ! Hâtez-vous donc ! Je vois bien que cette épaisse fumée qui s'élève en gerbe à quelques pas, c'est peut-être une bombe qui éclate ; mais, bast ! le troupier n'en perdra pas une bouchée », (Ernest Lacan, *Esquisses photographiques*, p. 179).

5. *Lieut. Col. Brownrigg & The Russian Boys*, 1855, planche n° 9 de l'album, 16,9 x 15,5 cm.
PHO 1982 62 9
« Un autre groupe curieux est celui du colonel Brownrigg, escorté de deux enfants russes ou tartares qui, après s'être échappés de Sébastopol, se sont attachés à lui et ne le quittent ni le jour ni la nuit, fidèles comme des chiens épagneuls », (*Revue photographique*, n° 2, décembre 1855, p. 19).

6. *L'Entente cordiale*, 1855, planche n° 15 de l'album, 19 x 16,5 cm.
PHO 1982 62 15
« On a souvent parlé d'*entente cordiale* : ce mot est la devise magique devant laquelle tombent aujourd'hui les difficultés et les obstacles ; c'est le *Sésame, ouvre-toi !* de l'avenir ; mais nul ne sait mieux mettre en pratique le sentiment qu'il exprime, que les soldats de nations diverses qui combattent côte à côte en Orient pour la même cause. Voyez plutôt ! voici un troupier français, vieux soldat de vingt ans, qui monte la pente rude d'un ravin. La journée est brûlante, la marche difficile ; par bonheur, il arrive au milieu d'un groupe de sous-officiers anglais qui devisent, près de leur tente, en dégustant une fine bouteille de bordeaux généreux. "Ami, prends ce verre, et buvons à la belle France !" Et le troupier français, fièrement campé sous sa capote grise, le képi sur le coin de l'oreille, le bras étendu pour trinquer de nouveau, répond à son tour : "Buvons maintenant à l'Angleterre."
Quelle assurance dans l'attitude de ce troupier ! avec quel orgueil il porte le nom de son pays ! Et quel contraste entre sa petite taille et la taille élevée de ses hôtes ! quelle différence entre sa délicatesse et leur force, entre l'expression mutine de son visage et la gravité de leur physionomie ! Mais, sous le feu, tous ces contrastes disparaissent et le courage égalise les tailles », (Ernest Lacan, *Esquisses photographiques*, p. 181).

7. *Officers and Men of the 8th Hussars*, 1855, planche n° 18 de l'album, 15,5 x 16,5 cm.
PHO 1982 62 18
« On se place, on fait silence, et, tout en écoutant le compagnon qui lit d'une voix émue la lettre bien aimée, chacun, s'isolant en lui-même et s'abandonnant à ses impressions, laisse aller son cœur et sa pensée vers ce qu'il regrette, vers ce qu'il aime », (Ernest Lacan, *Esquisses photographiques*, p. 180).

8. *Genl. Bosquet & Capt. Dampierre*, 1855, planche n° 21 de l'album, 18,3 x 15,2 cm.
PHO 1982 62 21
« Le général Bosquet est très bien à prendre, ressemblant beaucoup au portrait de Napoléon quand il a commencé à grossir, il y a seulement une expression de franchise et bon caractère qui n'existe pas dans le portrait de Napoléon. Il m'a promis des chevaux pour tirer mon camion, et tout ce dont j'ai besoin pendant mon séjour près de lui. Son état-major est très sympathique », (Lettre de Fenton, 6 mai 1855).

9. *Zouave 2nd Division (Portrait of Roger Fenton)*, réalisé par Marcus Sparling (Irlande, 1822 – ?, 1860) 1855, planche n° 22 de l'album, 18,5 x 15,5 cm.
PHO 1982 62 22
Fenton se fait photographier par son assistant en tenue de zouave, corps d'infanterie créé en 1831 en Algérie et qui s'illustra particulièrement au cours de la guerre de Crimée. Pour célébrer la victoire des Français et des Anglais sur les Russes lors de la bataille de l'Alma, Napoléon III décida, en 1854, de faire construire un pont à Paris. Des quatre statues qui ornaient le pont d'origine – détruit en raison de son étroitesse et reconstruit en métal entre 1970 et 1974 – ne reste en place

sur l'actuel pont de l'Alma que celle qui représente le zouave, œuvre du sculpteur Georges Diébolt.

10. *Ismaïl Pacha & Attendants*, 1855, planche n° 23 de l'album, 18 x 15,8 cm.
PHO 1982 62 23
« Il y a deux jours, Ismaïl Pacha commandeur des troupes égyptiennes, vint me voir. J'ai fait de très bons groupes de lui et de sa suite. Il y avait un esclave nubien et un fumeur de pipe copte », (Lettre de Fenton, 29 avril 1855).

11. *Group at Head Quarters : Lord Burgheish; Aide de Camp; Col. Vigo; Lord Raglan; Pélissier; Spahi, Aide de Camp*, 1855, planche n° 30 de l'album, 19 x 16,3 cm.
PHO 1982 62 30
Le général Pélissier, commandant en chef des troupes françaises, est, d'après Fenton qui en a réalisé plusieurs portraits, « un bon chef, pas très intellectuel, mais énergique et peu scrupuleux. [...] il ne s'embarrasse pas de quelques milliers de vies s'il a un but à atteindre », (Lettre de Fenton, 20 mai 1855).

12. *The Sanitary Commission, Dr. Sutherland, Robert Rawlinson, Esq.*, 1855, planche n° 48 de l'album, 19,4 x 16 cm.
PHO 1982 62 48
Au cours de cette guerre, les conditions sanitaires et les épidémies ont été plus meurtrières que les combats eux-mêmes : sur les 250 000 morts du camp allié, 70 000 auraient été tués au combat, les autres victimes étant emportées par le choléra, le typhus ou le scorbut. Les rapports sur les conditions d'hygiène et de soins apportés aux blessés et aux malades avaient incité, dès le mois d'octobre 1854, le gouvernement britannique à envoyer sur place Florence Nightingale, accompagnée de 38 infirmières volontaires.

13. *Group of Montenegrins*, 1855, planche n° 52 de l'album, 18 x 16,5 cm.
PHO 1982 62 52
Dans sa volonté de mettre en évidence la diversité ethnique des troupes qui composent le camp allié, Fenton fait poser les soldats dans leurs vêtements traditionnels, ici les Monténégrins, ailleurs les Écossais et, bien sûr, les célèbres zouaves.

Jean-Charles Langlois (Beaumont-en-Auge, Calvados, France, 1789 – Paris, France, 1870), **Léon-Eugène Méhédin** (L'Aigle, Orne, France, 1828 – Bonsecours, Seine-Maritime, France, 1905), **Frédéric Martens** (Venise, Italie, 1806 – Paris, France, 1885)

14. *Panorama de Sébastopol pris de la tour Malakoff*, vue n° 1,1855. Épreuve sur papier salé légèrement albuminé à partir d'un négatif papier, 35 x 31 cm. Acquis avec le soutien de la Mission pour le Patrimoine photographique.
PHO 1982 16

15. *Panorama de Sébastopol pris de la tour Malakoff*, vue n° 3, 1855. Épreuve sur papier salé légèrement albuminé à partir d'un négatif papier,

35 x 31 cm. Acquis avec le soutien de la Mission pour le Patrimoine photographique.
PHO 1982 18

16. *Panorama de Sébastopol pris de la tour Malakoff*, vue n° 9, 1855. Épreuve sur papier salé légèrement albuminé à partir d'un négatif papier, 35 x 31 cm. Acquis avec le soutien de la Mission pour le Patrimoine photographique.
PHO 1982 24

17. *Panorama de Sébastopol pris de la tour Malakoff*, vue n° 10, 1855. Épreuve sur papier salé légèrement albuminé à partir d'un négatif papier, 35 x 31 cm. Acquis avec le soutien de la Mission pour le Patrimoine photographique.
PHO 1982 25

18. *Panorama de Sébastopol pris de la tour Malakoff*, vue n° 13, 1855. Épreuve sur papier salé légèrement albuminé à partir d'un négatif papier, 35 x 31 cm. Acquis avec le soutien de la Mission pour le Patrimoine photographique.
PHO 1982 28

19. *Panorama de Sébastopol pris de la tour Malakoff*, vue n° 14, 1855. Épreuve sur papier salé légèrement albuminé à partir d'un négatif papier, 35 x 31 cm. Acquis avec le soutien de la Mission pour le Patrimoine photographique.
PHO 1982 29

Langlois remplace, pour la première fois, les dessins préparatoires qu'il utilise habituellement pour la réalisation de ses panoramas peints par des photographies. Il serait tentant d'en déduire que le panorama qui en résulte y gagne en véracité… ce n'est pas si évident. Tout d'abord les clichés ont été pris dans des conditions difficiles, au prix d'une véritable course de vitesse avec les démolisseurs : « D'un moment à l'autre on va faire sauter des choses dont nous avons besoin pour les détails du panorama » rapporte Langlois. Parfois ils sont même obtenus au prix d'un petit arrangement avec la réalité : « Pense donc, écrit-il à sa femme en avril 1856, que ce que l'on aurait pu faire en une seule journée quand tout était sur pied, demande deux ou trois jours quand il faut reconstruire ce qui a été complètement détruit. »
Quant à la réalisation du panorama peint, elle exige, elle aussi, des compromis avec la vérité historique : « Pour donner au panorama de la prise de Sébastopol le plus d'intérêt possible, le colonel Langlois a réuni plusieurs moments différents de cette action si complexe. Le spectateur étant lui-même au centre de la tour Malakoff, on ne pouvait songer à peindre près de lui, et dans de grandes proportions, des milliers de combattants ; mais l'artiste, en introduisant dans cet espace libre le maréchal Pélissier, accompagné de plusieurs officiers supérieurs, quoiqu'il fût, au moment de l'action, sur le Mamelon vert, a cherché l'occasion de faire plusieurs portraits intéressants. C'est au loin, hors de la vue distincte qui nuirait à l'illusion, que la lutte continue dans toute son intensité. […] Cette immense peinture,

qui a exigé le concours de plusieurs artistes, a été exécutée en quatorze mois. Outre le vif intérêt qu'elle présente, elle est d'un aspect vrai et satisfaisant, toutes concessions faites aux exigences d'agrément pittoresque, qui ne pouvaient être entièrement sacrifiées », (A. J. Du Pays, « Panorama de la prise de Sébastopol, aux Champs-Élysées », article paru dans *L'Illustration* du 25 août 1860).

20. *La Tour Malakoff*, 1855. Épreuve sur papier salé légèrement albuminé à partir d'un négatif papier, 34 x 32 cm. Don de la Galerie Texbraun.
PHO 1982 30
La production de Langlois et Méhédin ne s'est pas limitée aux clichés destinés au panorama. Tous deux ont opéré une sélection parmi les autres photographies afin de constituer des albums, *Souvenirs de la guerre de Crimée. Hommage à S. M. l'empereur Napoléon III par le colonel Charles Langlois*, rassemblant 29 planches pour l'un, et *Galerie historique du règne de Napoléon III : Sébastopol*, album constitué de 19 photographies pour l'autre. Dans chacun de ces deux albums, qui sont aujourd'hui conservés dans les collections de la Bibliothèque nationale de France, figure une image représentant la tour Malakoff, lieu emblématique du conflit, celle-ci dans l'album de Langlois, et une version légèrement différente dans celui de Méhédin.

21. *Ruine d'un dock à Sébastopol*, 1855. Épreuve sur papier salé légèrement albuminé à partir d'un négatif papier, 35 x 32 cm. Don de la Galerie Texbraun.
PHO 1982 37
« Les Russes avaient cinq docks magnifiques, une darse immense et de superbes écluses. La destruction des deux premiers docks s'était accomplie par nous, avec un succès complet mais à l'insu de tout le monde. Les autres devaient sauter par la main des Anglais : déjà l'un d'eux était brisé, déchiré, mais non démoli, nos alliés avaient été plus lents et moins habiles que nos ingénieurs. Nous arrivâmes par hasard au moment où ils devaient prendre leur revanche [par] la destruction d'un second dock [...]. Alors une série d'explosions successives ont terminé cette destruction avec un brillant succès et avec des effets des plus beaux, plus gracieux, presque, que terribles », (Lettre de Langlois à sa femme, le 15 janvier 1856).

George N. Barnard (Coventry, Connecticut, États-Unis, 1819 – Cedarvale, N.Y., États-Unis, 1902), album *Barnard's Photographic Views of Sherman's Campaign*, édité en 1866. Épreuves sur papier albuminé à partir de négatifs verre au collodion.

22. *Sherman and His Generals*, photographie prise par Matthew Brady (Lake George, N.Y., États-Unis, 1828 - New York, N.Y., 1896) 1865, planche n° 1 de l'album, 25,8 x 35,6 cm.
PHO 1983 229 1
Ce portrait de groupe qui ouvre l'album a été réalisé par Matthew Brady dans son studio de Washington, en mai 1865. Brady rend compte de la séance de

pose de manière très détaillée dans le *Chicago Evening Post* du 11 février 1893. Devant la difficulté de rassembler l'ensemble des protagonistes, le cliché a été pris en l'absence du général Blair dont l'image – assis à droite – a été insérée après coup.

23. *Scene of Gen' Mc Pherson's Death*, 1864 ou 1866, planche n° 35 de l'album, 25,8 x 35,6 cm.
PHO 1983 229 35
Le général Mac Pherson est mort le 22 juillet 1864. Il était tant apprécié de ses hommes que certains sont revenus sur le lieu de sa mort pour graver une épitaphe à sa mémoire sur un tronc d'arbre. Barnard s'est rendu une première fois sur place, dès son arrivée à Atlanta, et a pris un cliché du lieu en l'état, photographie qui a été diffusée et reproduite, sous forme de gravure, dans le *Harper's Weekly* du 18 février 1865. Pour la publication de son album, Barnard a préféré une photographie plus distanciée et plus composée, réalisée ultérieurement – en novembre 1864 ou en mai 1866 – dans le but d'augmenter à la fois la charge émotionnelle et la dimension artistique de l'image.

24. *Trestle Bridge at Whiteside*, 1864, planche n° 4 de l'album, 25,8 x 35,6 cm.
PHO 1983 229 4
Les destructions sont tour à tour provoquées par les confédérés, qui veulent retarder la marche des nordistes, et par ces derniers, qui font table rase sur leur passage. Ce pont, détruit par les rebelles, a été reconstruit durant l'automne et l'hiver 1863 avec des troncs d'arbres provenant des forêts avoisinantes.

25. *Rebel Works in Front of Atlanta, GA N° 2*, 1864, planche n° 40 de l'album, 25,8 x 35,6 cm.
PHO 1983 229 40

26. *Rebel Works in Front of Atlanta, GA N° 4*, 1864, planche n° 42 de l'album, 25,8 x 35,6 cm.
PHO 1983 229 42

27. *Rebel Works in Front of Atlanta, GA N° 5*, 1864, planche n° 43 de l'album, 25,8 x 35,6 cm.
PHO 1983 229 43

28. *City of Atlanta, GA N° 1*, 1866, planche n° 45 de l'album, 25,8 x 35,6 cm.
PHO 1983 229 45

29. *City of Atlanta, GA N° 2*, 1866, planche n° 46 de l'album, 25,8 x 35,6 cm.
PHO 1983 229 46

Grant avait assigné pour mission à Sherman d'atteindre la Géorgie et de prendre Atlanta. À la tête de 90 000 hommes, après avoir coupé la ligne d'approvisionnement de la ville, Sherman y fait son entrée en septembre 1864. Il quitte Atlanta en feu le 15 novembre pour entamer sa marche vers Savannah, sur la côte Atlantique, tactique qui surprend les confédérés qui pensaient l'attirer vers le Tennessee. Les clichés montrant les défenses érigées par les sudistes ont été réalisés au moment des combats. En revanche ceux qui montrent Atlanta en ruines ont été pris en 1866, en vue de la constitution de l'album.

30. *Ruins in Columbia, S.C.*, 1865, planche n° 54 de l'album, 25,8 x 35,6 cm.
PHO 1983 229 54

31. *Ruins in Charleston, S.C.*, 1865 ou 1866, planche n° 60 de l'album, 25,8 x 35,6 cm.
PHO 1983 229 60

Vestiges des dernières batailles avant la capitulation du Sud, ces images de destructions ne sont pas exemptes d'un certain romantisme. Cette « poésie » des ruines sera mise en avant, quelques années plus tard, par les témoins des dommages causés à Paris par la guerre franco-prussienne et la Commune qui évoqueront l'esthétique qui se dégage de ces paysages de désolation : « Épouvante, est-ce bien le sentiment qu'on éprouve ? Non : le sentiment artistique est si puissant, le désastre a fait de ces choses somptueuses des choses si belles, qu'on s'arrête et qu'on admire », (Jules Claretie, *L'Illustration*, 22 juillet 1871).

32. Anonyme, *Vue aérienne du bois de Cartenoy*, 13 juillet 1917. Épreuve argentique, 13 x 16 cm.
PHO 1986 78 1

33. Anonyme, *Vue aérienne de Maissemy*, 13 juillet 1917. Épreuve argentique, 13 x 16 cm.
PHO 1986 78 3

Destinées avant tout aux services de renseignements, les vues aériennes prennent souvent, comme ici, la forme de compositions abstraites qui nourriront l'inspiration des artistes.

34-35. Anonyme, *Explosion d'obus*, entre 1914 et 1918. Épreuves argentiques, 9 x 13,7 cm (cartes postales).
PHO 1986 78 8 et PHO 1986 78 9
Les conditions de la prise de vue de ces images ne sont pas connues. S'agit-il d'explosions provoquées volontairement, comme le laisse supposer la présence d'observateurs au premier plan ? Pourquoi ont-elles été éditées sous forme de cartes postales ? Ce support a connu une grande vogue pendant la Première Guerre mondiale. Plus de cent mille ont été éditées officiellement, la plupart dans un but propagandiste, pour entretenir le moral de la population, sans compter les photographies prises par des soldats et fixées ensuite sur support postal.

Charles Augustin Lhermitte (Paris, France, 1881-1945)

36. *Opération de déminage pendant la Première Guerre mondiale*, entre 1914 et 1918. Épreuve aristotype, 6 x 8,5 cm. Fonds Lhermitte, album 5, folio 33, planche n° 3.
PHO 1988 20 349

37. *Opération de déminage pendant la Première Guerre mondiale*, entre 1914 et 1918. Épreuve aristotype, 6 x 8,5 cm. Fonds Lhermitte, album 5, folio 33, planche n° 6.
PHO 1988 20 352

38. *Opération de déminage pendant la Première Guerre mondiale*, entre 1914 et 1918. Épreuve

aristotype, 6 x 8,5 cm. Fonds Lhermitte, album 5, folio 33, planche n° 7.
PHO 1988 20 353

39. *Opération de déminage pendant la Première Guerre mondiale*, entre 1914 et 1918. Épreuve aristotype, 6 x 8,5 cm. Fonds Lhermitte, album 5, folio 33, planche n° 10.
PHO 1988 20 356

Ces quatre images sont issues d'une série constituant, en une vingtaine de plans, un véritable reportage sur une opération de déminage, qui, faute de légende, ne peut malheureusement être ni datée ni localisée avec précision.

Anonyme, album dit *Georges Salles pendant la Première Guerre mondiale*, entre 1914 et 1918. Épreuves argentiques. Don de Mme Bernard Granet et ses enfants et de Mlle Solange Granet.

40. *Explosion d'un obus dans notre cour de la Grande Roche*, avril 1915, folio n° 3 de l'album, 9,7 x 7,2 cm.
PHO 1981 116 11

41. *Quatre Militaires dans une tranchée du secteur de Soupir*, avril 1915, folio n° 3 de l'album, 9,7 x 7,2 cm.
PHO 1981 116 12

42. *La Cour de notre maison et la grotte des téléphonistes*, avril 1915, folio n° 6 de l'album, 7,2 x 9,7 cm.
PHO 1981 116 24

43. *L'Église de Soupir et l'une des tours du château*, avril 1915, folio n° 8 de l'album, 7,2 x 9,7 cm.
PHO 1981 116 29

44. *La Grande Roche. Prise d'un aéroplane allemand*, avril 1915, folio n° 9 de l'album, 7,2 x 9,7 cm.
PHO 1981 116 35

45. *Péniche échouée près du pont du canal de Pont-Arcy. Le commandant Martin, le capitaine Caisez et Dormeuil*, avril 1915, folio n° 12 de l'album, 7,2 x 9,7 cm.
PHO 1981 116 45

Deux albums rassemblent une petite centaine d'images, quasi identiques. On ignore précisément par qui ces albums – destinés à Georges Salles, mobilisé pendant la guerre et qui sera directeur des Musées de France de 1945 à 1957, et à sa mère, Claire, fille aînée de Gustave Eiffel – ont été constitués. Plusieurs images sont légendées au verso de manière manuscrite, tous les noms de lieux mentionnés gravitent autour du village de Soupir et de ses environs. Située dans l'Aisne, près du chemin des Dames, cette localité a particulièrement souffert durant les quatre années de guerre. Le chanoine Labergue, auteur de *Mon village. Monographie de la commune de Soupir, Aisne*, rédigé peu après la fin du conflit, témoigne de l'état du village lorsque ses habitants ont pu y revenir, en 1919 : « [...] on aurait pu croire qu'un cataclysme s'était abattu sur la région. Soupir n'offrait alors qu'un lamentable spectacle de mort. Si complète était la dévastation, qu'elle semblait irréparable. Nous avions hâte après la tourmente, de revoir ces lieux qui nous restent toujours bien chers, ces parages autrefois si gracieux et maintenant si désolés. Quelle misère, grand Dieu, quel désert et quel chaos ! [...] Nous arrivons devant cette avenue de platanes, jadis si magnifique, qui conduit au château. À quel misérable état d'abandon la voici réduite ! On n'y avance qu'entre des arbres mutilés, à moitié morts, et des fûts brisés. Les talus voisins, creusés pour y abriter nos troupes, rappellent les grottes de troglodytes, aux temps préhistoriques. À droite, le sol est encore tout bouleversé : on y a établi de longues tranchées de défense. Quelles effroyables scènes de carnage ont dû se passer là-dedans, pendant ces quatre interminables années de combats ! »

Henri Manuel (Paris, France, 1874 – ?, 1947), album *Hôpital auxiliaire de l'Union des femmes de France*, 1916. Épreuves argentiques. Don de Mme Bernard Granet et ses enfants et de Mlle Solange Granet.

46. *Malades et Infirmières dans une salle commune de l'hôpital*, 1916, planche n° 5 de l'album, 16 x 22,3 cm.
PHO 1981 113 5

47. *Blessé à la jambe sur son lit d'hôpital*, 1916, planche n° 11 de l'album, 16 x 22,3 cm.
PHO 1981 113 11

48. *Blessé à la jambe sur son lit d'hôpital*, 1916, planche n° 14 de l'album, 16 x 22,3 cm.
PHO 1981 113 14

49. *Un blessé sur la table d'opération, entouré de médecins*, 1916, planche n° 19 de l'album, 16 x 22,3 cm.
PHO 1981 113 19

Le 22 décembre 1915, une lettre adressée à Mme Claire Salles, directrice de l'Hôpital auxiliaire de l'Union des femmes de France, l'informe que son établissement a été cité en exemple par le directeur adjoint du service de Santé « au point de vue des soins éclairés donnés aux blessés menacés de raccourcissement des membres, et au point de vue du choix des appareils utilisés pour empêcher ces raccourcissements ».
Des images montrant des blessés commencent à circuler dès 1916-1917, ainsi les photographies rassemblées dans cet album ont elles-mêmes été tirées sous forme de cartes postales. Il s'agit alors de faire jouer auprès de la population la fibre compassionnelle, de susciter des gestes de générosité à l'endroit de ces soldats courageux. Ce n'est que plus tard, une fois la guerre terminée, que paraîtront les portraits des « gueules cassées ». Ces publications s'inscriront dans un contexte politique à visée pacifiste : dénoncer la guerre et ses horreurs.

50-51. Anonyme, *Femmes au travail dans les ateliers de la fonderie Monduit pendant la*

Première Guerre mondiale, entre 1914 et 1918. Épreuves argentiques, 17,1 x 22,8 cm. Don de Mme Gabrielle Pasquier-Monduit.
PHO 2001 3 6 et PHO 2001 3 8
Les ateliers Monduit, une fonderie d'où sont sortis, notamment, la *Statue de la Liberté* de Bartholdi ou le *Saint Michel* de Frémiet destiné au Mont-Saint-Michel, ont fonctionné durant les années de guerre avec une main-d'œuvre essentiellement féminine. Ils ont été transformés en un atelier de montage de pièces d'artillerie, en l'occurence de grenades destinées aux obusiers utilisés dans l'artillerie de tranchées.

52-53. Anonyme, *Quartorze Juillet*, 1917. Épreuves stéréoscopiques sur verre, 4,5 x 4,5 cm, 4,5 x 10 cm (plaque). Don de Mmes Arizzoli-Clémentel et Barrelet-Clémentel.
PHO 1990 28 685 et PHO 1990 28 688
La prise de vue stéréoscopique consiste à réaliser deux images simultanées grâce à deux objectifs séparés l'un de l'autre d'une distance égale à l'écartement moyen des yeux humains. Le double cliché obtenu, regardé dans un appareil conçu spécialement à cet effet, restitue la vision en trois dimensions.

Étienne Clémentel (Clermont-Ferrand, France, 1864 – Riom, France, 1936)

54. *L'Armistice à Paris, 11 Novembre 1918, avion allemand,* 1918. Autochrome stéréoscopique, 4,5 x 4,5 cm (chaque image), 4,5 x 10 cm (chaque plaque). Don de Mmes Arizzoli-Clémentel et Barrelet-Clémentel.
PHO 1990 27 343

55. *L'Armistice à Paris, 11 Novembre 1918, tank allemand,* 1918. Autochrome stéréoscopique, 4,5 x 4,5 cm (chaque image), 4,5 x 10 cm (chaque plaque). Don de Mmes Arizzoli-Clémentel et Barrelet-Clémentel.
PHO 1990 27 344

Si la foule parisienne se rassemble le 11 Novembre 1918, sur la place de la Concorde et l'avenue des Champs-Élysées, pour célébrer l'armistice, la joie n'est pas totalement au rendez-vous : les pertes françaises s'élèvent à 1 393 000 morts et il y a eu près de 3 millions de blessés. Le procédé autochrome, utilisé ici, est le premier procédé de photographie couleur commercialisé, suite aux travaux des frères Lumière, à partir de 1904.

M. Boudinhou (? –?), *Le Camp de prisonniers, Holzminden*, 1916-1917. Épreuves argentiques, 5,3 x 6 cm. Don de Mme Thérèse Alberton, par l'intermédiaire de la Société des Amis du musée d'Orsay.

56. *Groupe de prisonniers devant le camp « 60 », Holzminden*, 1916.
PHO 1992 20 6

57. *Hommes faisant la cuisine dans le camp, Holzminden*, 1916.
PHO 1992 20 15

58. *Trois Hommes dans la cour du camp sous la neige, Holzminden*, 1916.
PHO 1992 20 27

59. *Femmes et Enfants dans la cour du camp, Holzminden*, 1916.
PHO 1992 20 66

60. *Sentinelle du camp dans la nuit, Holzminden*, 1916.
PHO 1992 20 71

61. *Jeune Homme de profil fumant, en buste, Holzminden*, 1916.
PHO 1992 20 74

62. *Hommes dans l'atelier de peinture du camp, Holzminden*, 1916.
PHO 1992 20 75

« Le train partit seulement à 11 heures. Les malheureux voyageurs n'atteignirent le camp d'Holzminden (duché de Brunswick) où ils devaient être internés, que le surlendemain à 4 heures du matin. Rien n'avait été préparé pour les recevoir. Aussi les premières heures furent-elles particulièrement pénibles, surtout pour les dames, qui furent entassées dans d'immondes baraques, dans une honteuse promiscuité avec une population féminine des plus abjectes. Pendant le séjour au camp qui dura six mois, les dames otages furent en butte à des tracasseries et à des vexations sans nombre et souvent odieuses. Elles eurent beaucoup à souffrir d'une installation des plus rudimentaires et surtout de la pénurie, parfois même du manque absolu de moyens de chauffage. Par contre les otages hommes furent relativement mieux traités. Les baraques qui leur avaient été assignées étaient plus convenables. La nourriture du camp était immonde, et sans les colis et les excellents biscuits envoyés de France, ils auraient cruellement souffert de la faim », (extrait du témoignage de M. Gréau, otage du 1er novembre 1916 au 23 avril 1917, publié dans les *Cahiers anecdotiques* de la Banque de France).

Le titre original, quand il a été donné par l'artiste, a été respecté. Pour les autres œuvres, c'est leur dénomination courante qui a été retenue.

Bibliographie sélective

BARNARD, George N., *Photographic Views of Sherman's Campaign*, 1866, nouvelle édition avec une préface de Beaumont Newhall, New York, Dover Publications Inc., 1977.

DAVIS, Keith F., *George N. Barnard : Photographer of Sherman's Campaign*, Kansas City, Missouri, Hallmark Cards Inc., 1990.

Éclats d'histoire. Les collections photographiques de l'Institut de France, 1839-1918, Arles, Actes Sud – Paris, Institut de France, 2003.

GARNIER-PELLE, Nicole, *Aux origines du reportage de guerre. Le photographe anglais Roger Fenton (1819-1869) et la guerre de Crimée, 1855* (catalogue d'exposition, château de Chantilly, musée Condé, 20 avril – 30 juin 1994).

GERVEREAU, Laurent, sous la direction de, *Voir, ne pas voir la guerre. Histoire des représentations photographiques de la guerre*, Paris, Somogy, 2001 (catalogue d'exposition, Paris, Bibliothèque de documentation internationale contemporaine et musée d'Histoire contemporaine, 1er mars – 26 mai 2001).

HOOBLER, James A., *Cities under the Gun. Images of Occupied Nashville and Chattanooga. Photographs by George N. Barnard and Others*, Nashville, Tennessee, Rutledge Hill Press, 1986.

HORAN, James David, *Timothy O'Sullivan, America's Forgotten Photographer*, New York, Bonanza Books, 1966.

HUMBERT, Jean-Marcel, DUMARCHE, Lionel, *Muséo-guide 1914-1918*, Paris, Sides, 1987.

HUMBERT, Jean-Marcel, DUMARCHE, Lionel, PIERRON, Michèle, *Photographies anciennes, 1848-1918. Regard sur le soldat et la société*, Arcueil, PREAL, « Les collections du musée de l'Armée », 5, 1985.

HUSS, Marie-Monique, *Histoires de famille, 1914-1918, cartes postales et culture de guerre*, Paris, Noesis – Péronne, Historial de la Grande Guerre, 2000.

JAMMES, Marie-Thérèse et André, « Le Premier Reportage de guerre », *Camera. Revue mensuelle internationale de la photographie et du film*, nº 1, 1964.

La Recherche photographique, « La Guerre », nº 6, juin 1989.

LACAILLE, Frédéric, sous la direction de, *Crimée, 1854-1856, premiers reportages de guerre*, Paris, musée de l'Armée, 1994 (catalogue d'exposition, Paris, musée de l'Armée, 21 octobre 1994 – 8 janvier 1995).

LACAN, Ernest, *Esquisses photographiques. À propos de l'Exposition universelle et de la guerre d'Orient*, Paris, 1856, réédition Paris, Jean-Michel Place, 1986.

ROBICHON, François, ROUILLÉ, André, *Jean-Charles Langlois. La photographie, la peinture, la guerre. Correspondance inédite de Crimée (1855-1856)*, Nîmes, éditions Jacqueline Chambon, 1992.

Roger Fenton, Photographer of the 1850's, Londres, Yale University Press for the South Bank Board, 1988 (catalogue d'exposition, Londres, Hayward Gallery, 4 février – 17 avril 1988).

RONDEAU, Gérard, *Les Fantômes du chemin des Dames. Le presbytère d'Yves Gibeau*, Paris, Seuil, 2003 (ouvrage publié à l'occasion de l'exposition présentée à Péronne, Historial de la Grande Guerre, 8 novembre 2003 – 15 février 2004).

Planches

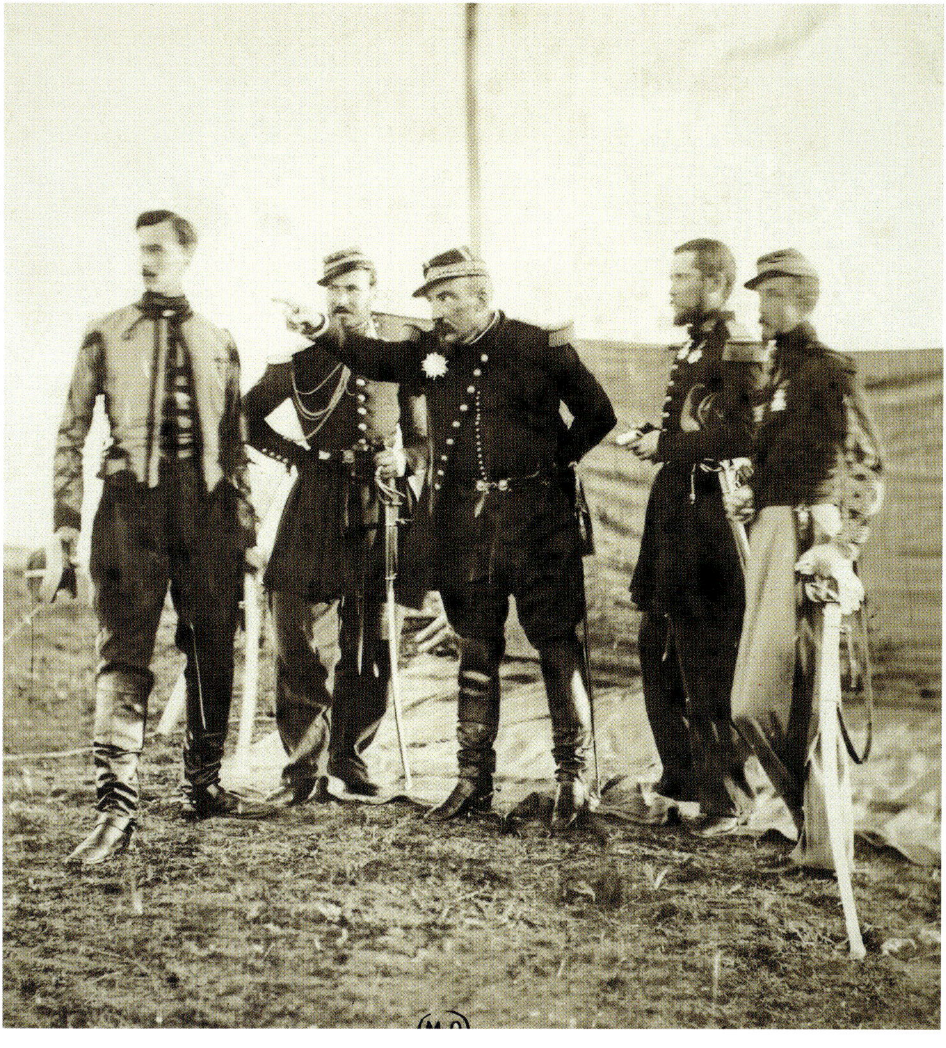

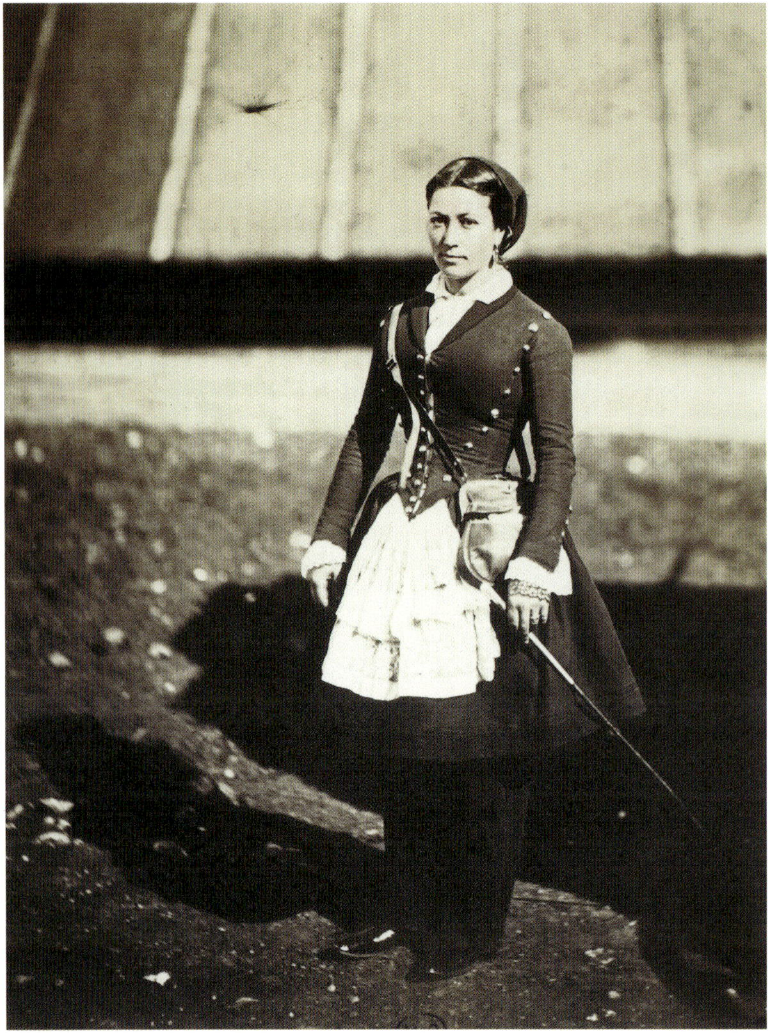

1. Roger Fenton
General Bosquet and Staff
1855

2. Roger Fenton
Cantinière
1855

3. Roger Fenton
Group of Croat Chiefs
1855

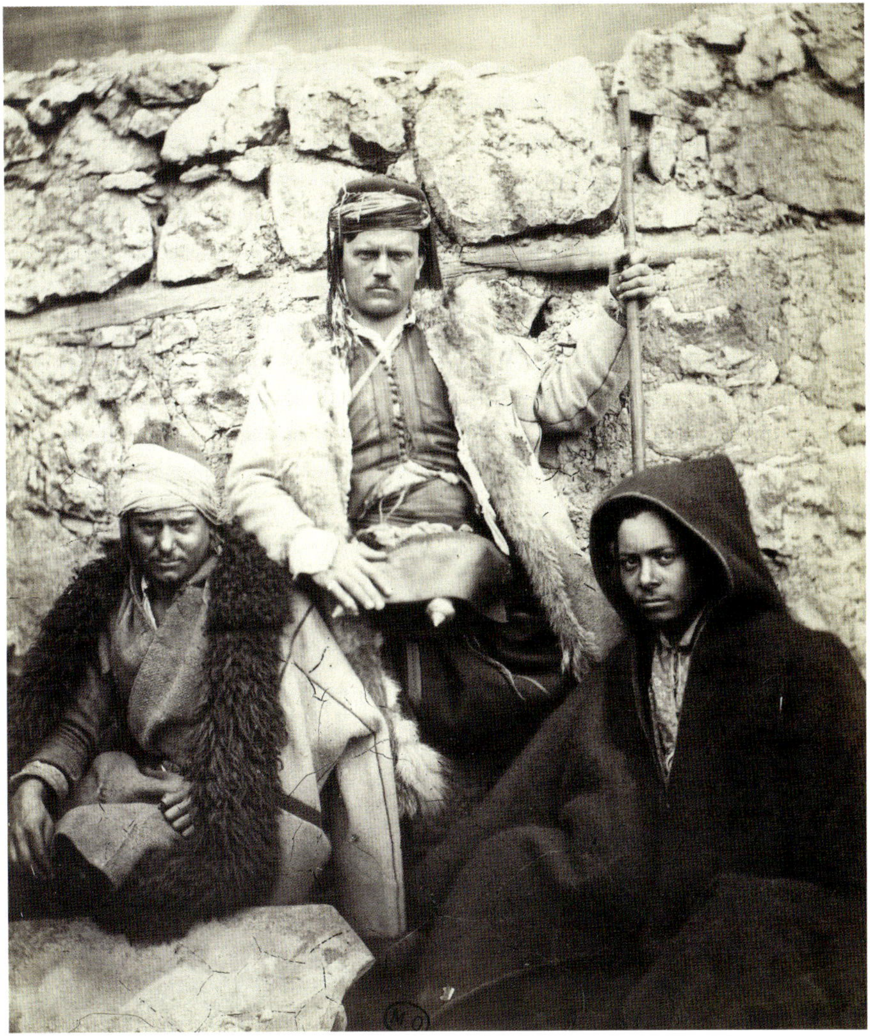

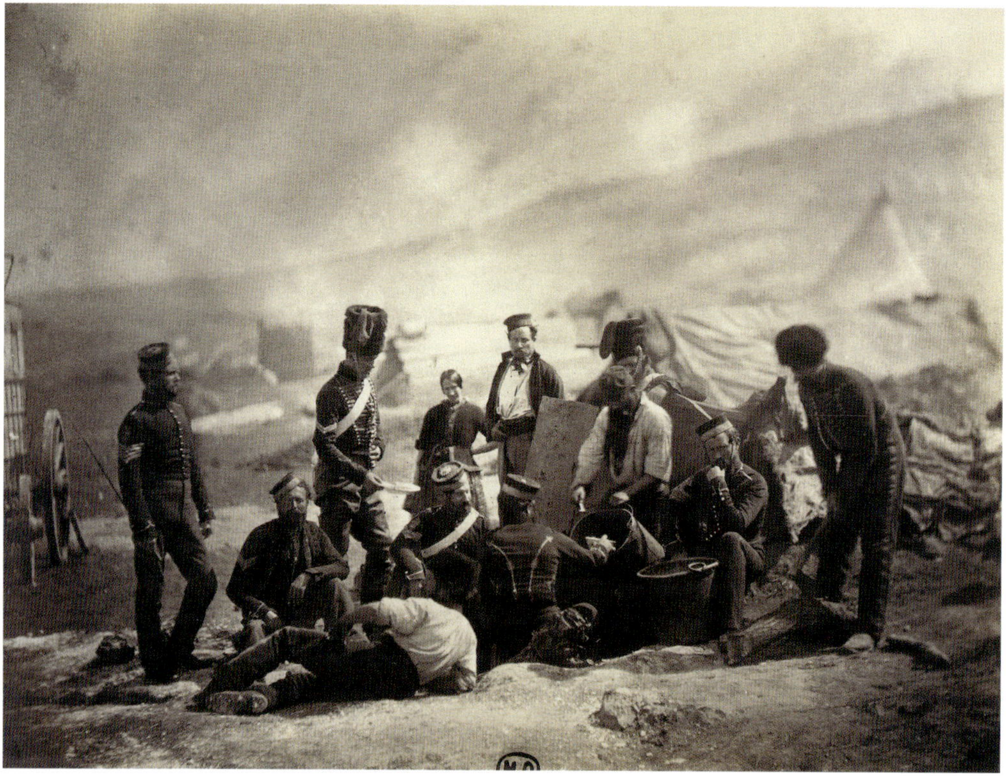

4. Roger Fenton
Cooking House of the Eighth Hussars
1855

5. Roger Fenton
Lieut. Col. Brownrigg & The Russian Boys
1855

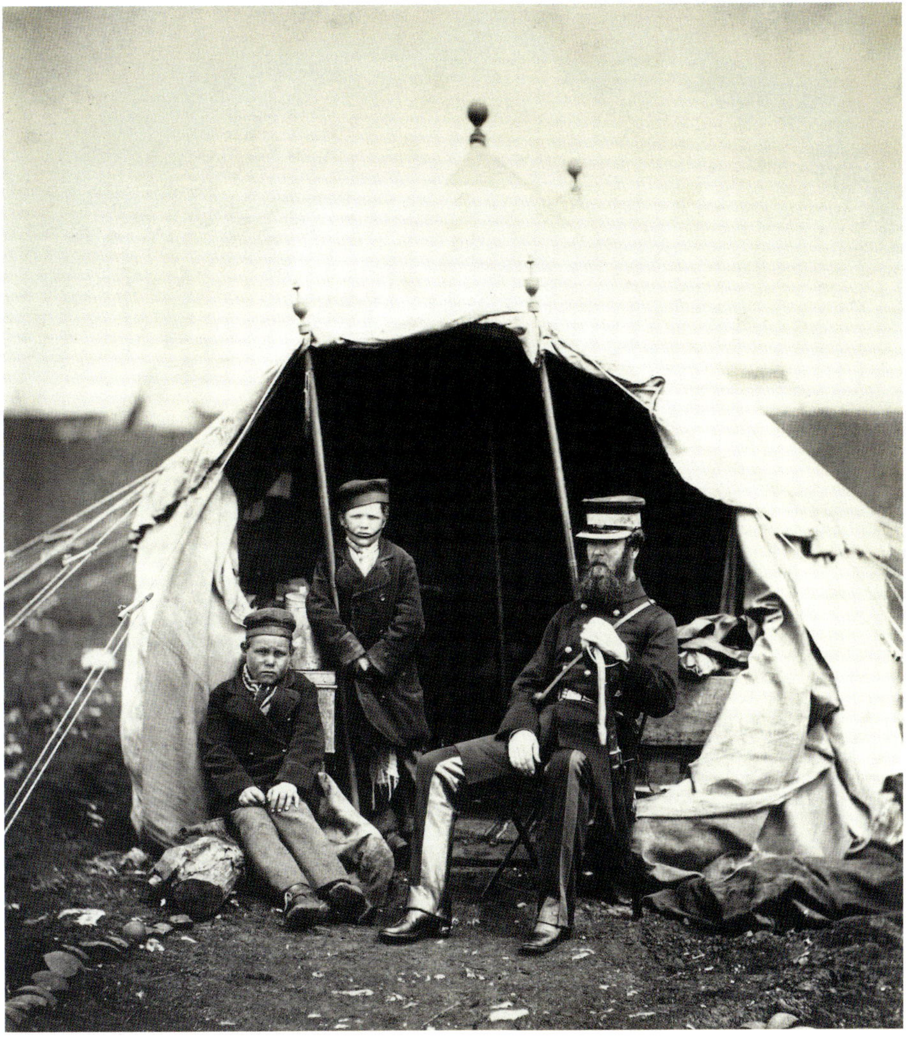

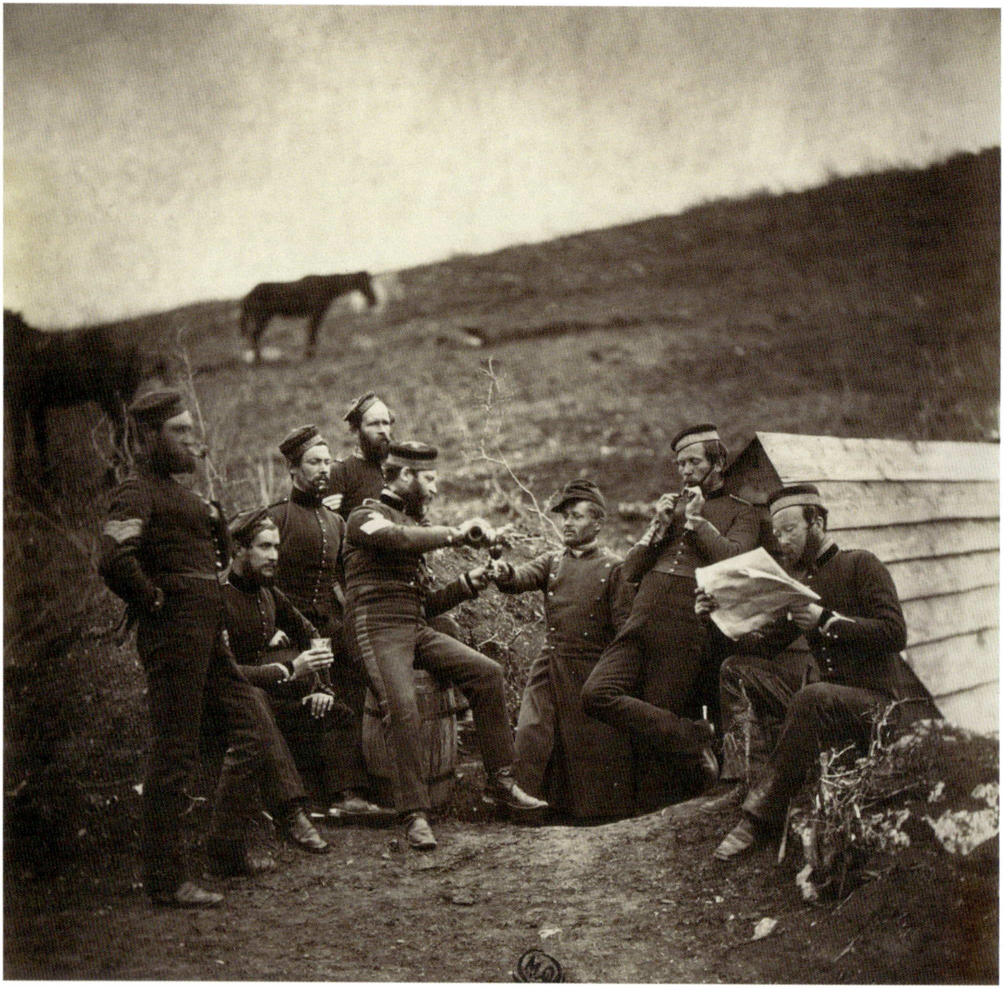

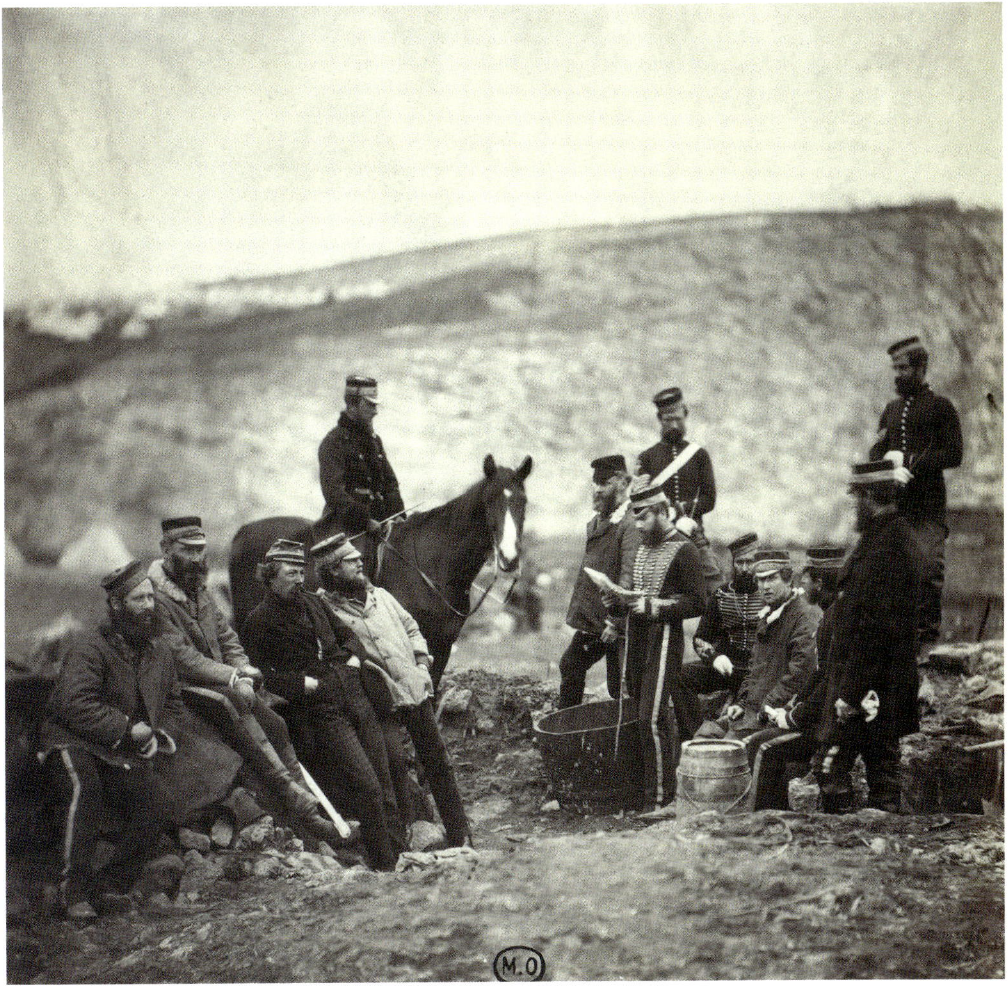
M.O

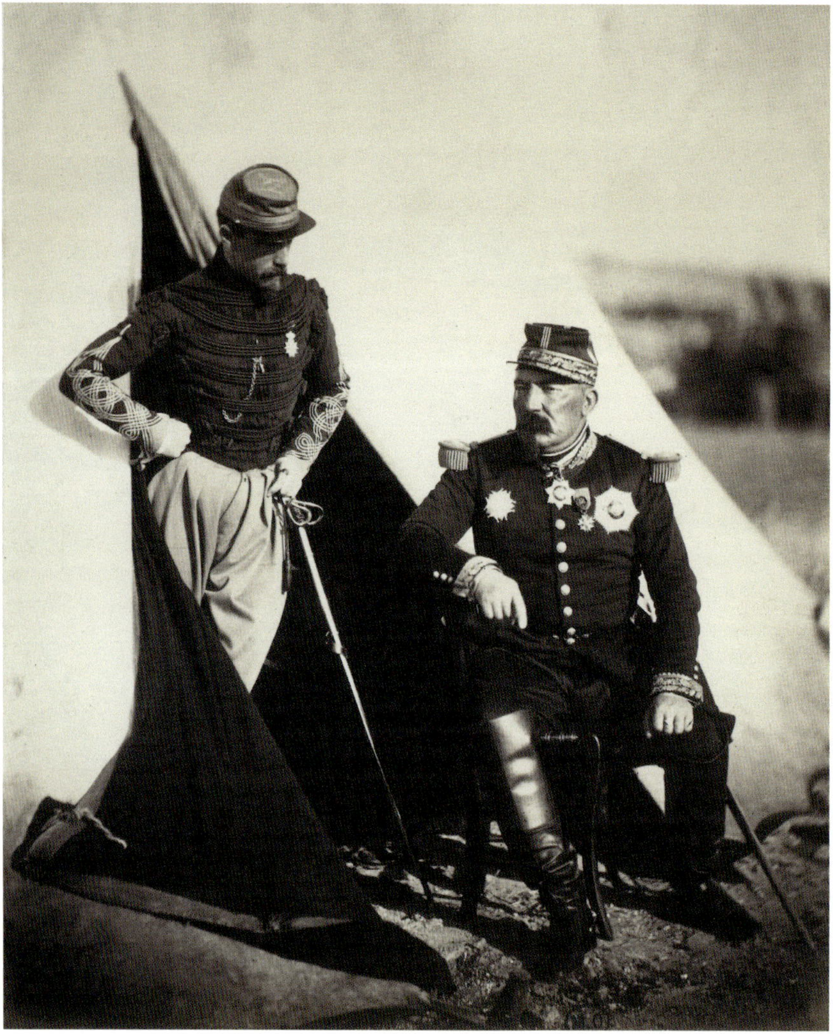

6. Roger Fenton
L'Entente cordiale
1855

7. Roger Fenton
Officers and Men of the 8th Hussars
1855

8. Roger Fenton
Genl. Bosquet & Capt. Dampierre
1855

9. Marcus Sparling
Zouave 2nd Division (Portrait of Roger Fenton)
1855

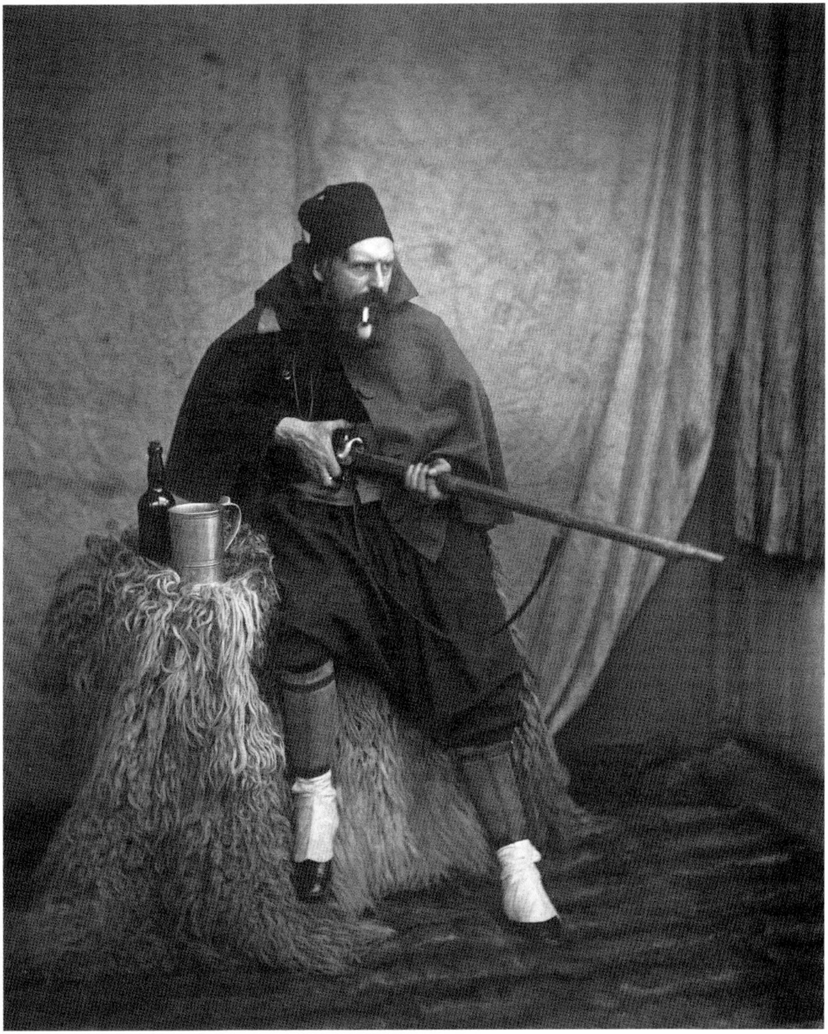

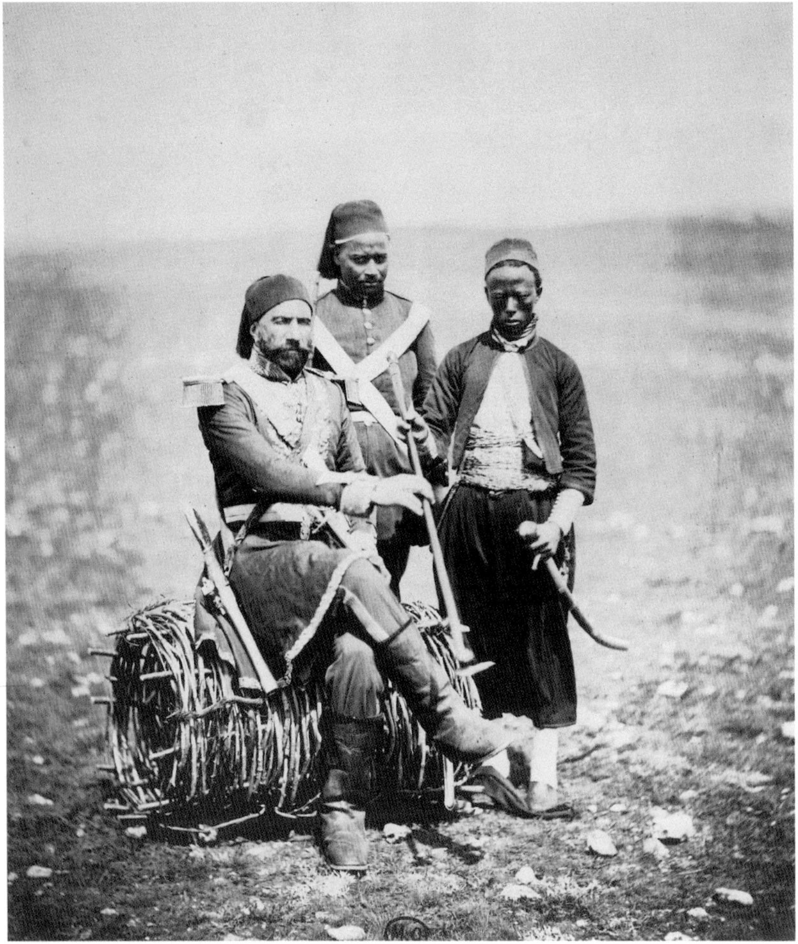

10. Roger Fenton
Ismaïl Pacha
& Attendants
1855

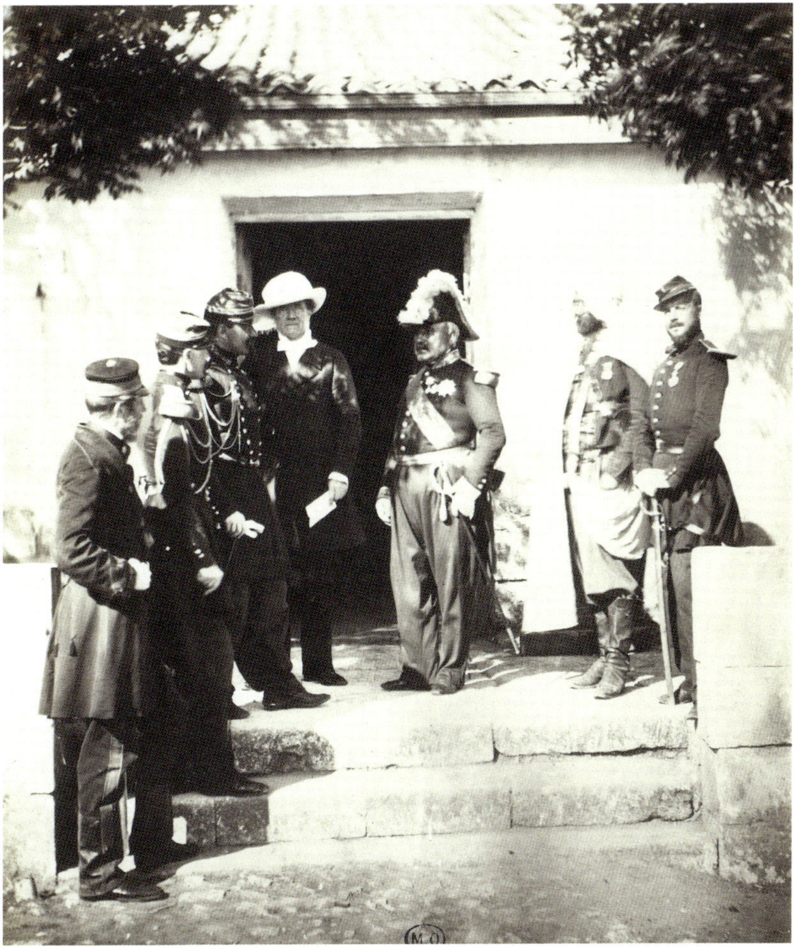

11. Roger Fenton
Group at
Head Quarters :
Lord Burgheish;
Aide de Camp;
Col. Vigo;
Lord Raglan;
Pélissier; Spahi,
Aide de Camp
1855

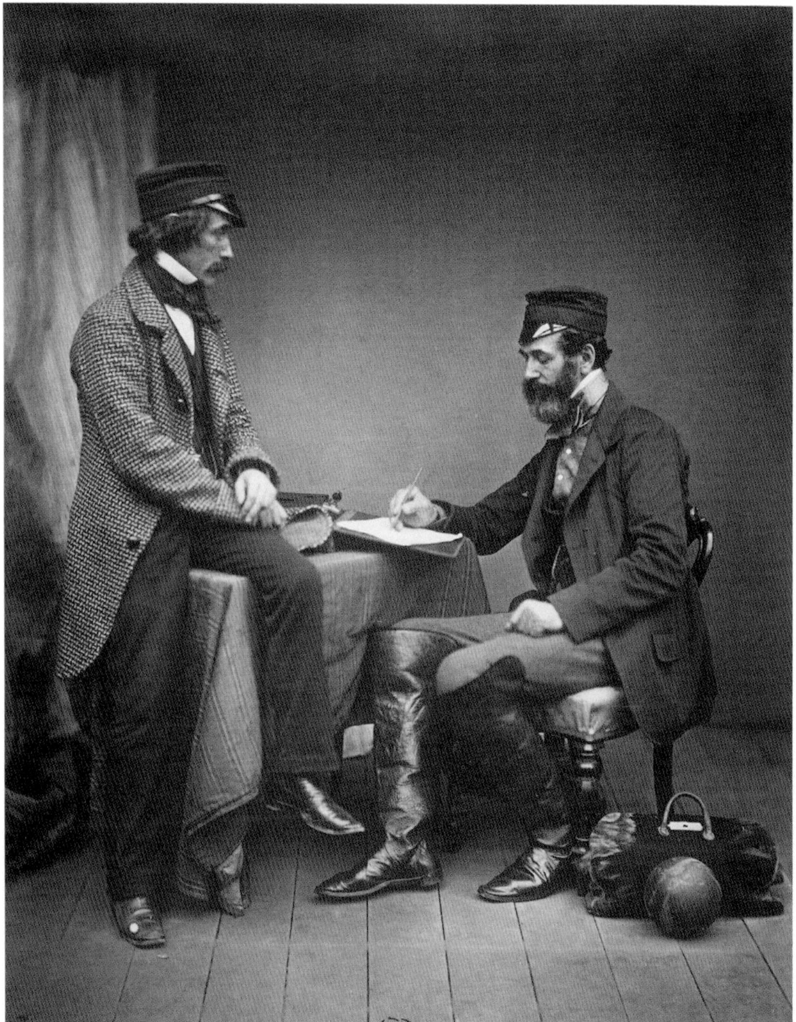

12. Roger Fenton
The Sanitary Commission, Dr. Sutherland, Robert Rawlinson, Esq.
1855

13. Roger Fenton
Group of Montenegrins
1855

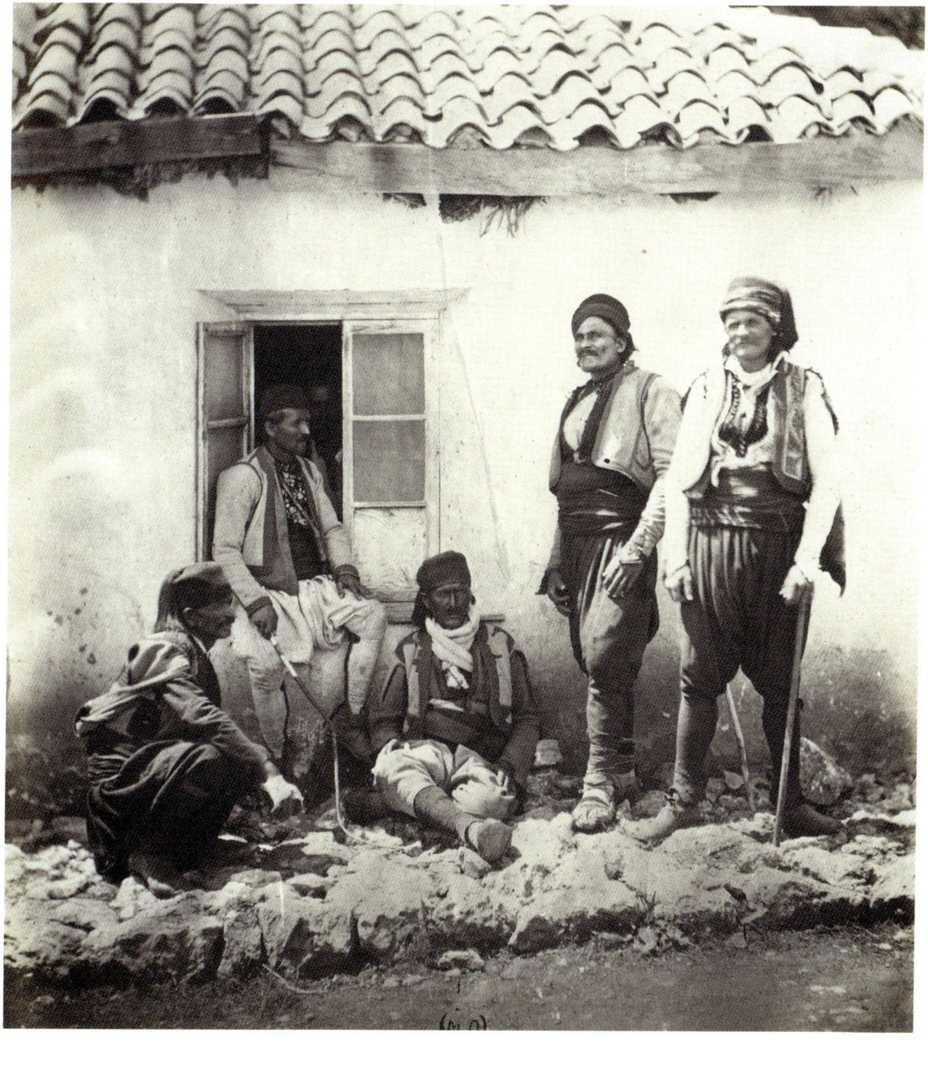

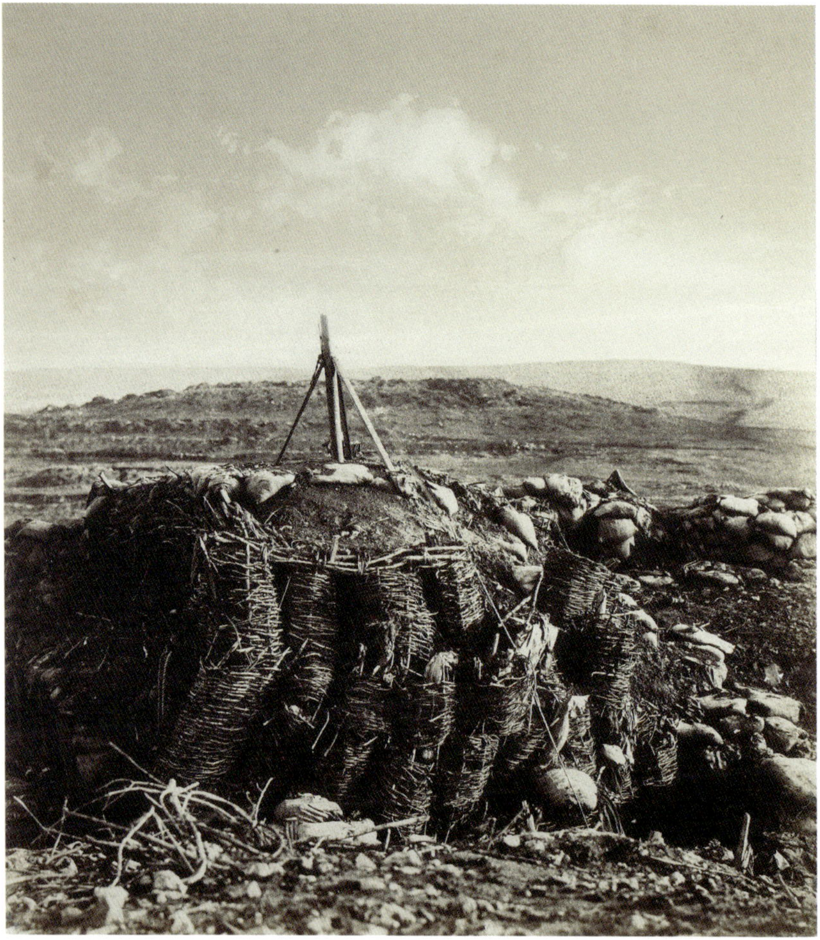

14. Jean-Charles Langlois
Panorama de Sébastopol pris de la tour Malakoff,
vue n° 1
1855

15. Jean-Charles Langlois
Panorama de Sébastopol pris de la tour Malakoff,
vue n° 3
1855

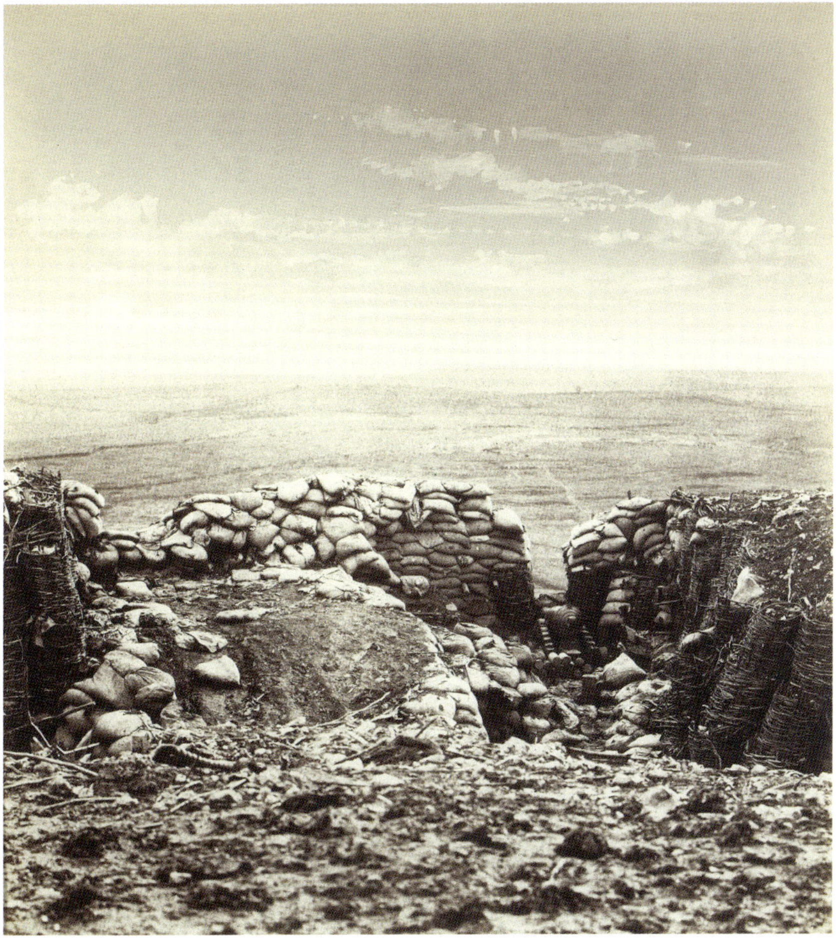

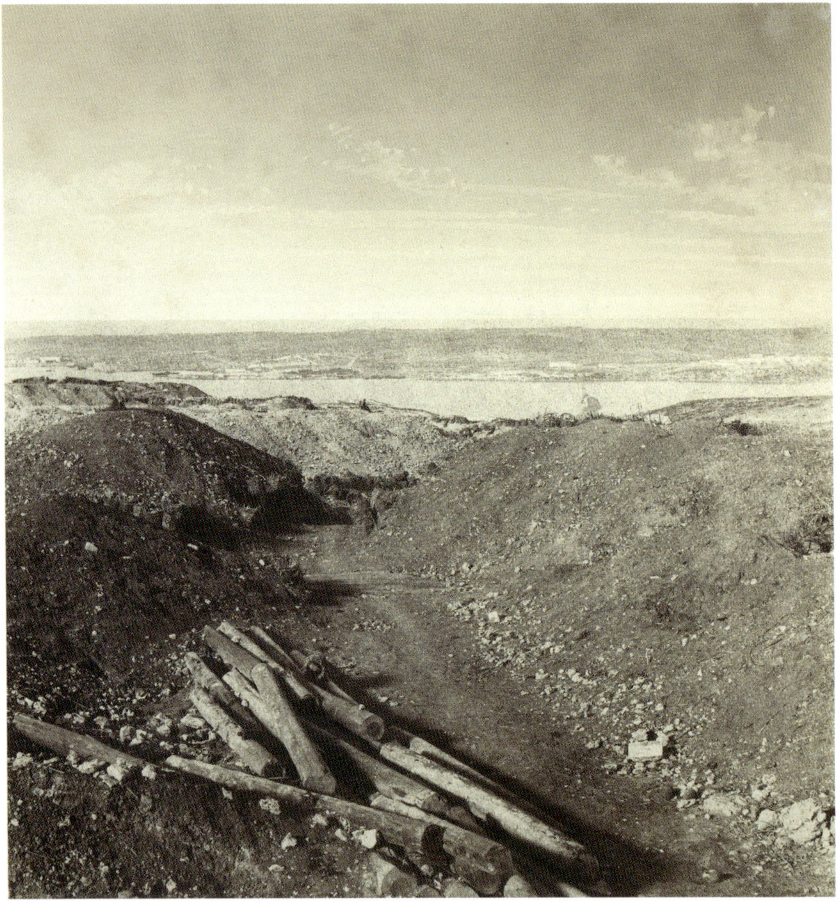

16. Jean-Charles Langlois
Panorama de Sébastopol pris de la tour Malakoff, vue n° 9
1855

17. Jean-Charles Langlois
Panorama de Sébastopol pris de la tour Malakoff,
vue n° 10
1855

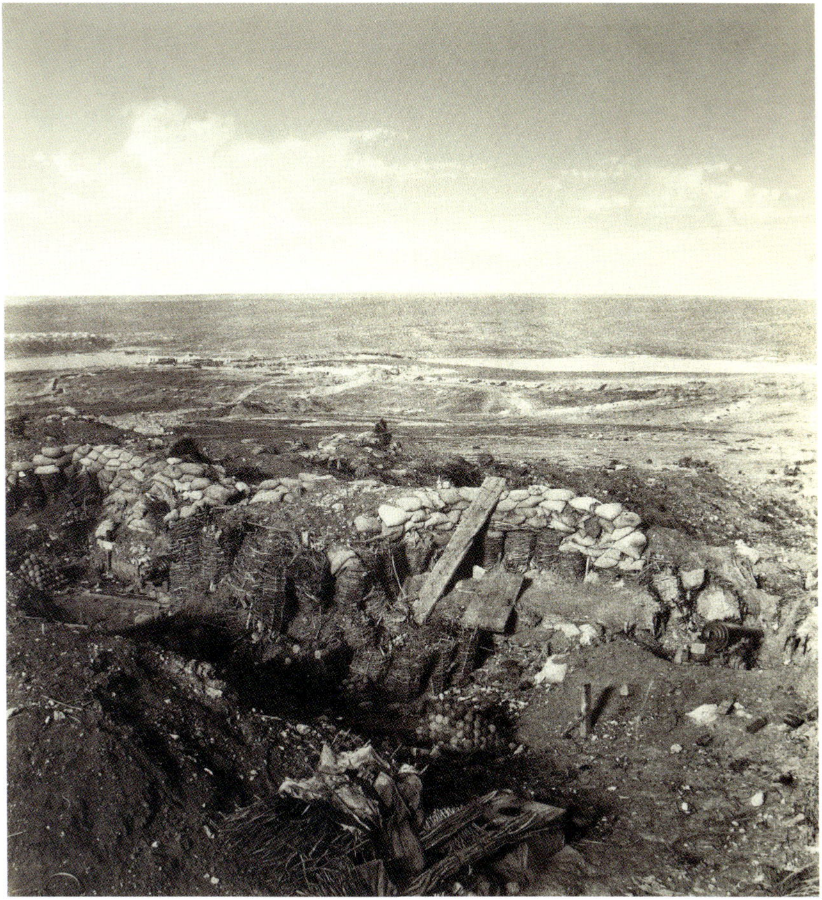

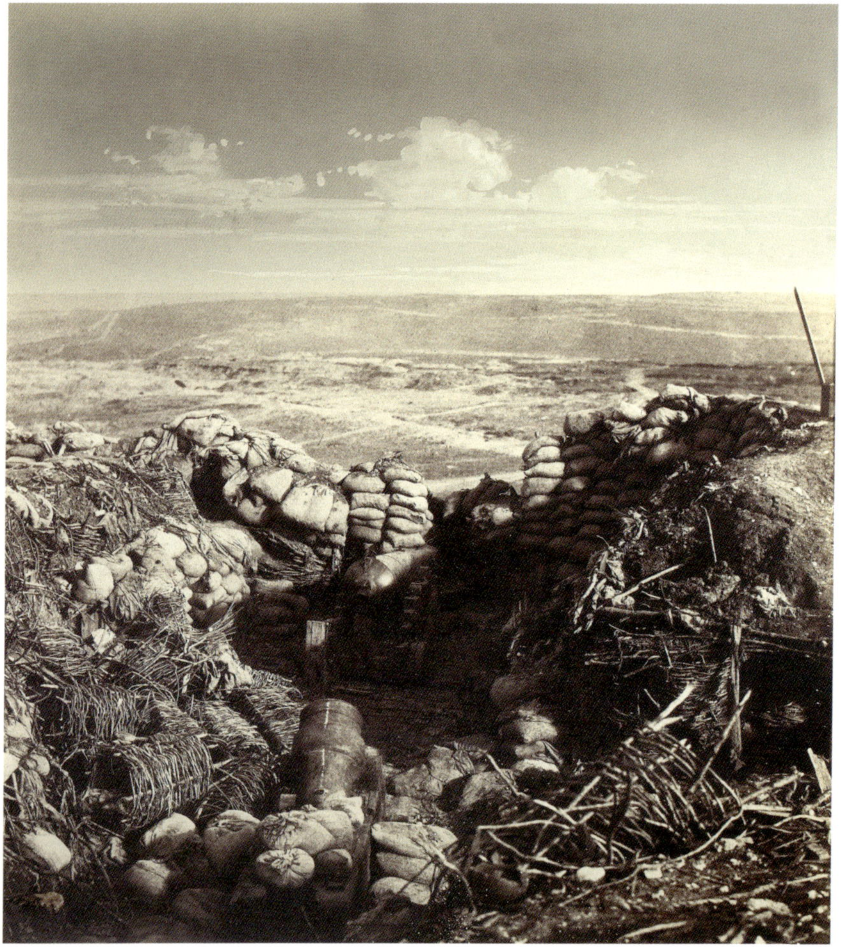

18. Jean-Charles Langlois
Panorama de Sébastopol pris de la tour Malakoff,
vue n° 13
1855

19. Jean-Charles Langlois
Panorama de Sébastopol pris de la tour Malakoff,
vue n° 14
1855

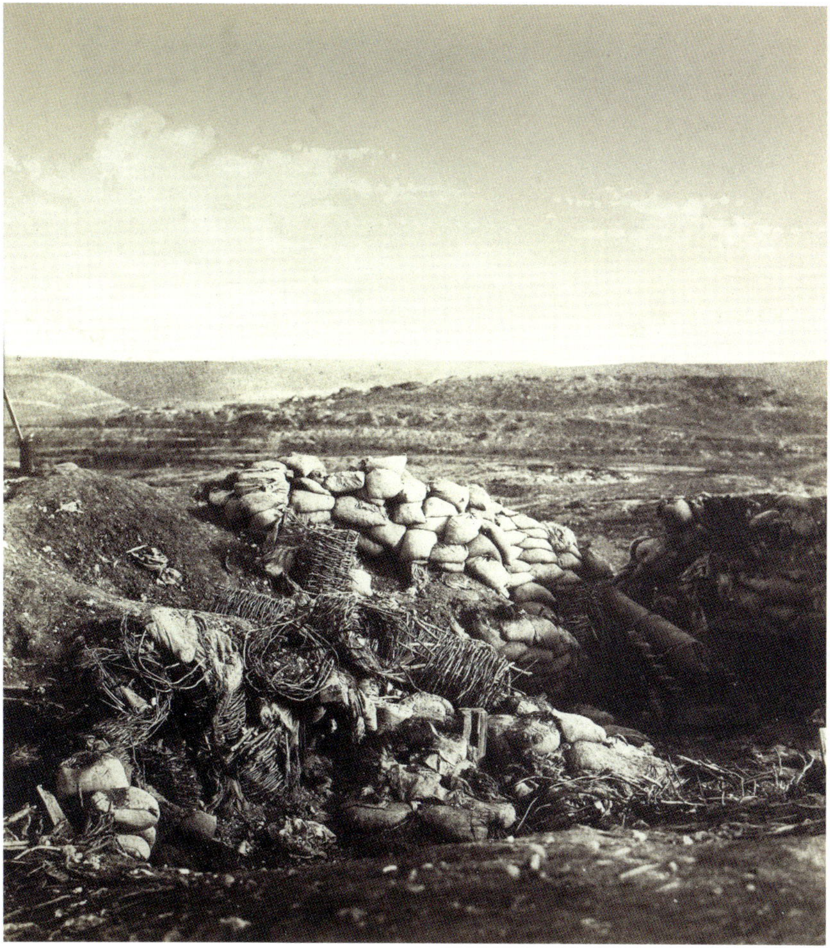

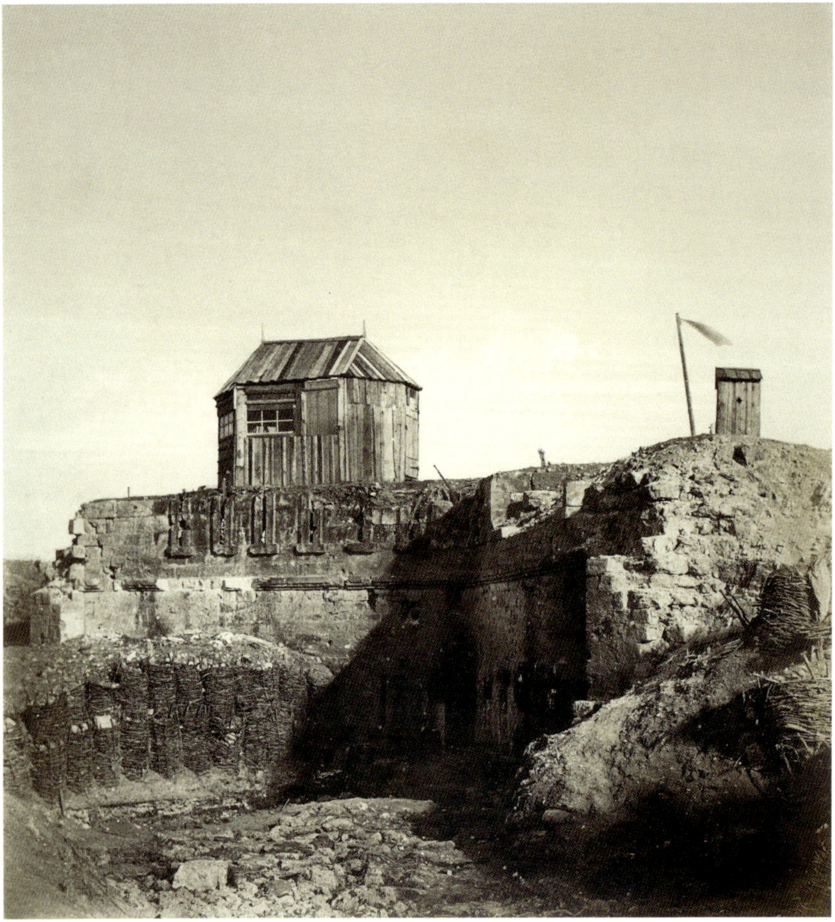

20. Jean-Charles Langlois
La Tour Malakoff
1855

21. Jean-Charles Langlois
Ruine d'un dock à Sébastopol
1855

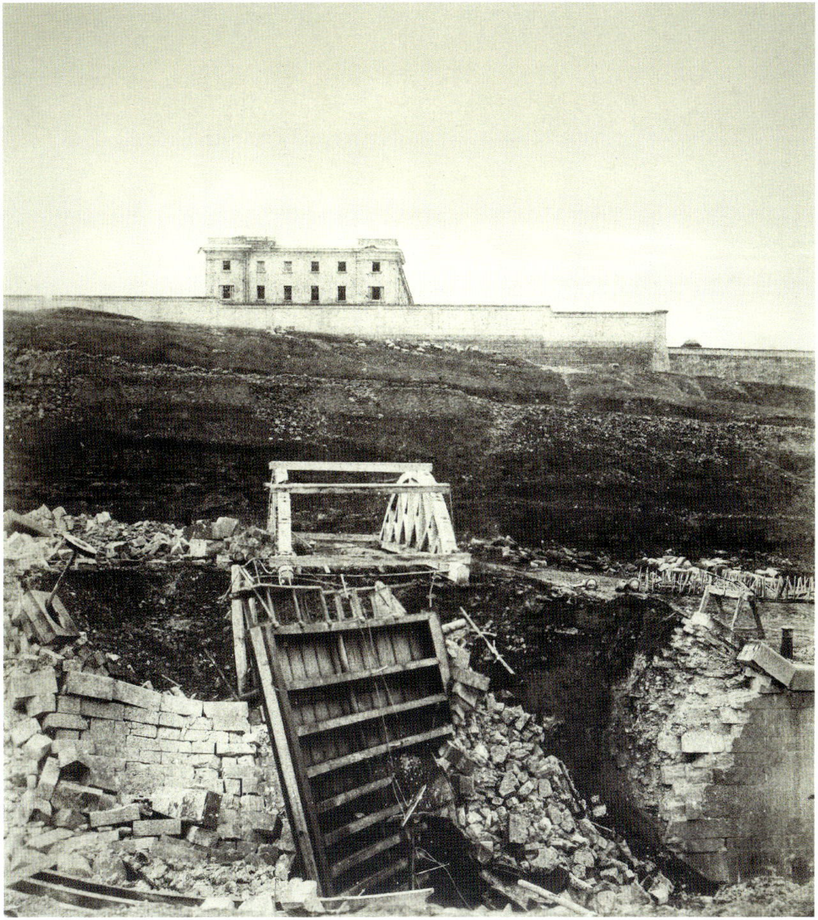

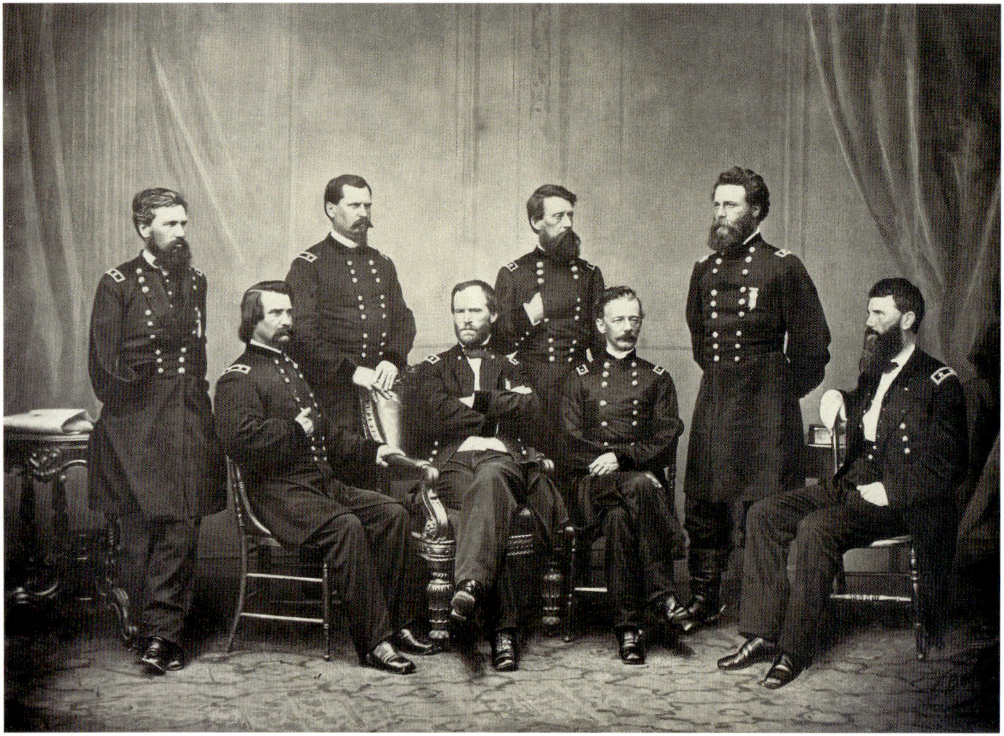

22. Matthew Brady
Sherman and His Generals
1865

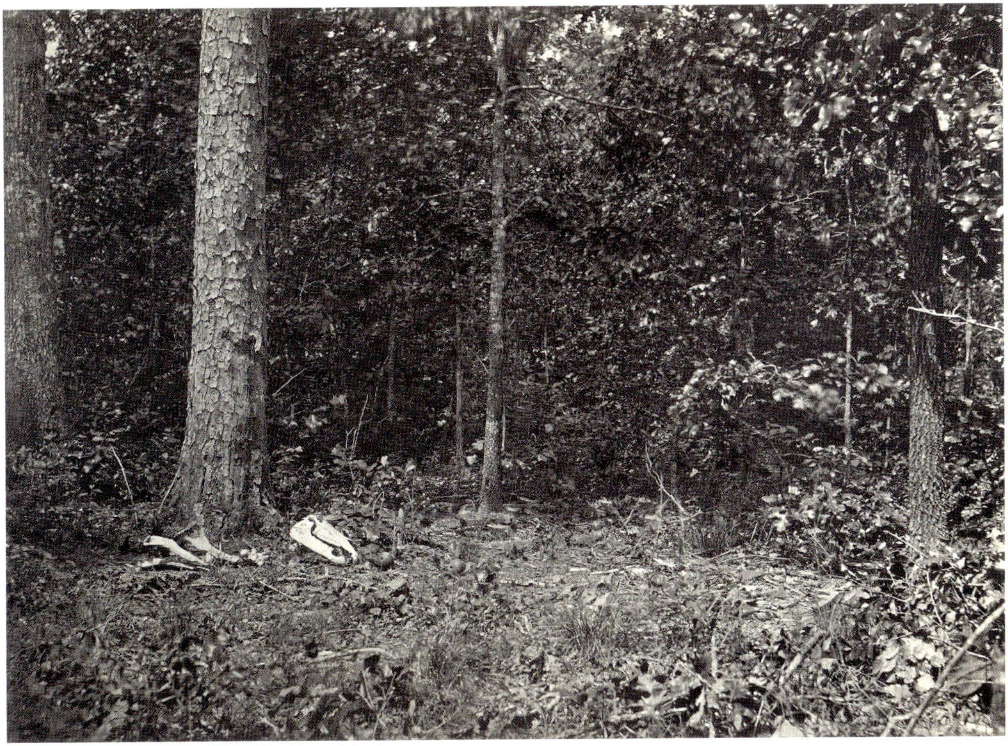

23. George N. Barnard
Scene of Gen' Mc Pherson's Death
1864/1866

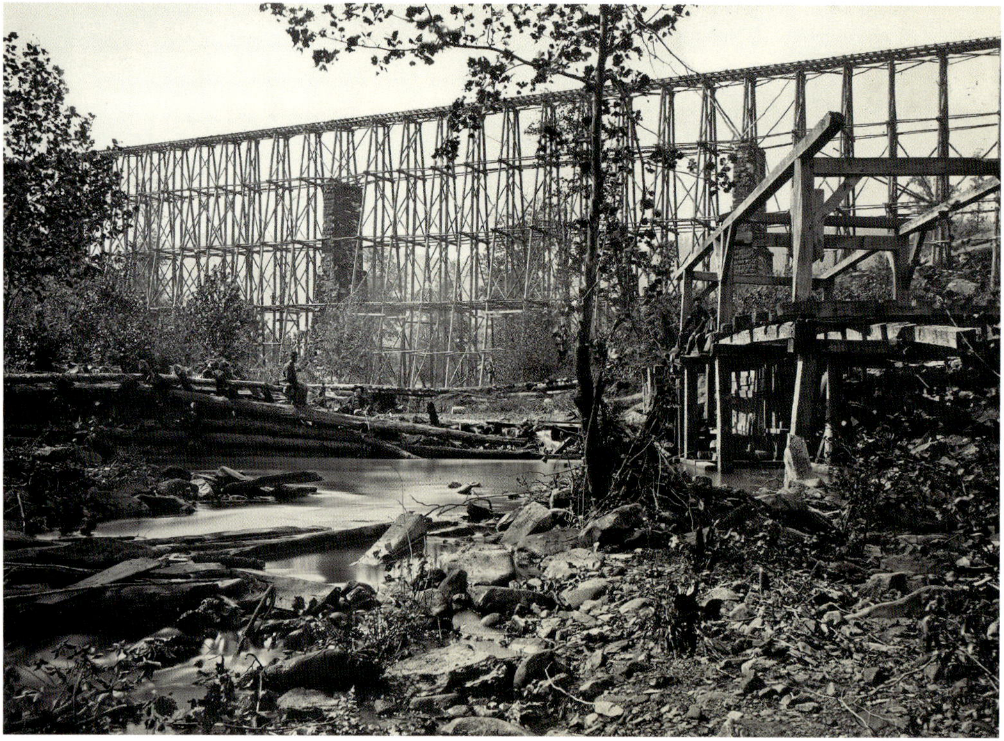

24. George N. Barnard
Trestle Bridge at Whiteside
1864

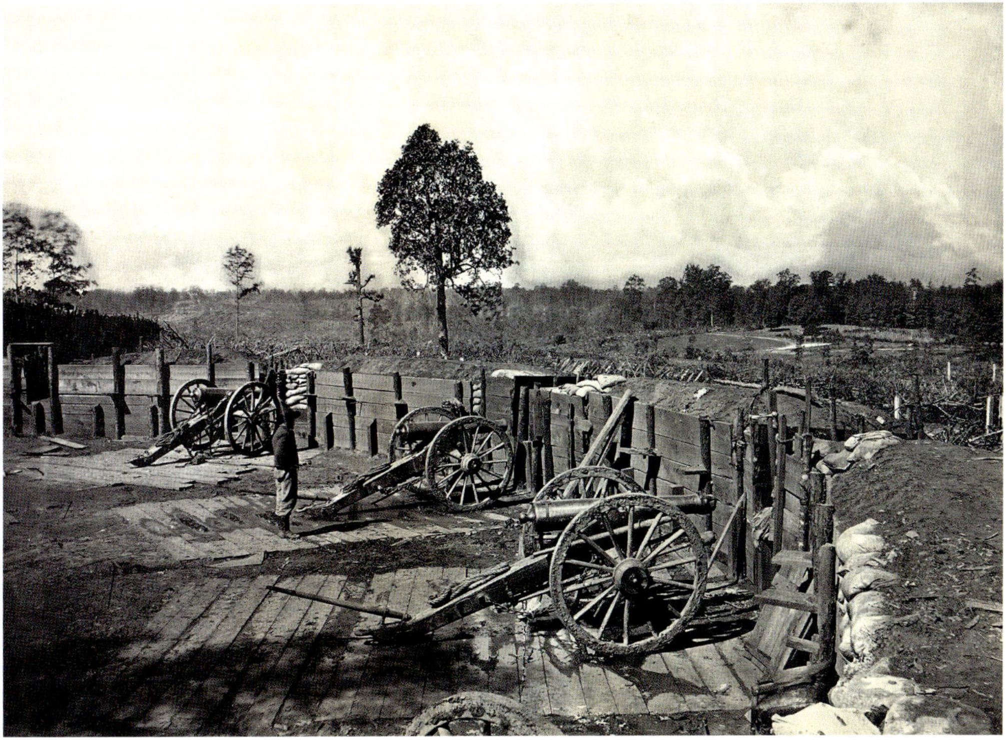

25. George N. Barnard
Rebel Works in Front of Atlanta, GA N° 2
1864

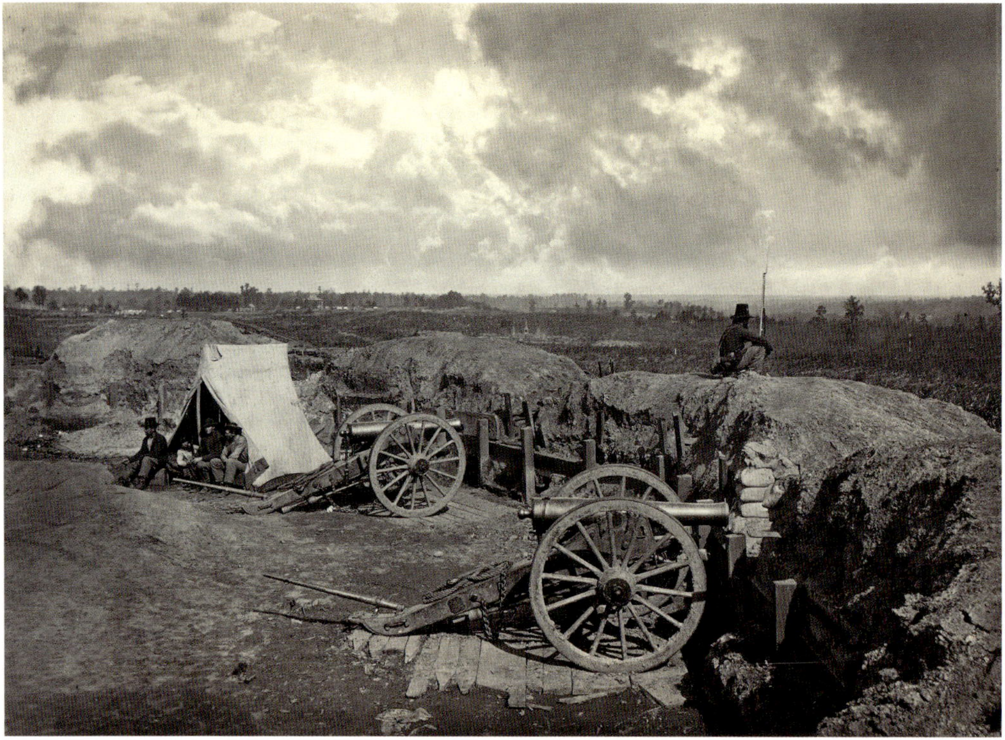

26. George N. Barnard
Rebel Works in Front of Atlanta, GA Nº 4
1864

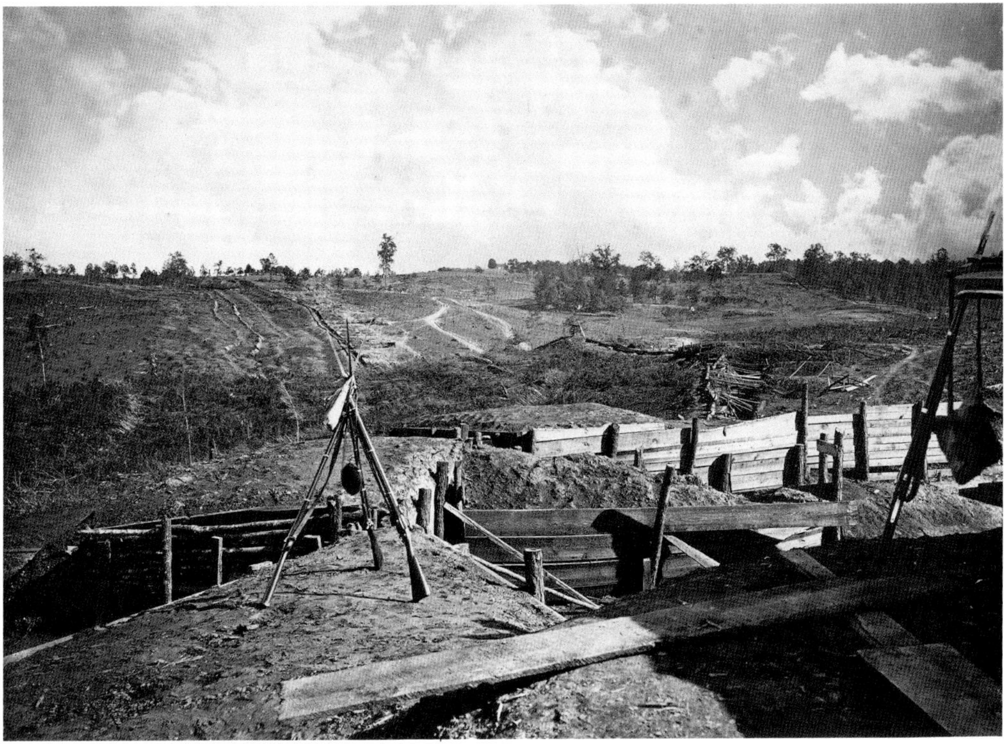

27. George N. Barnard
Rebel Works in Front of Atlanta, GA N° 5
1864

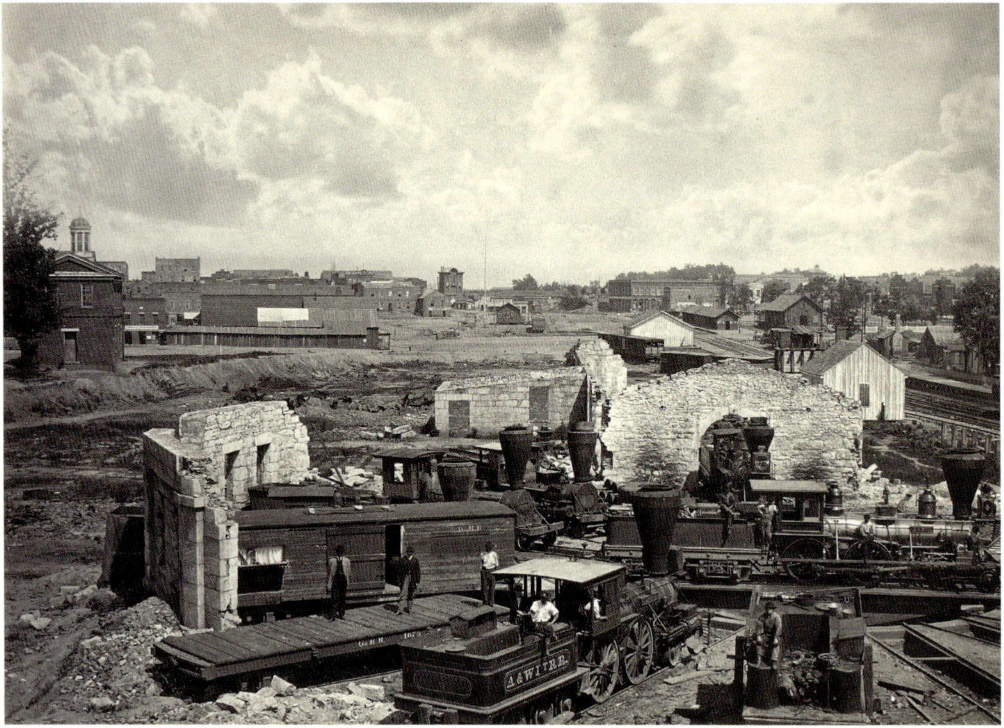

28. George N. Barnard
City of Atlanta, GA Nº 1
1866

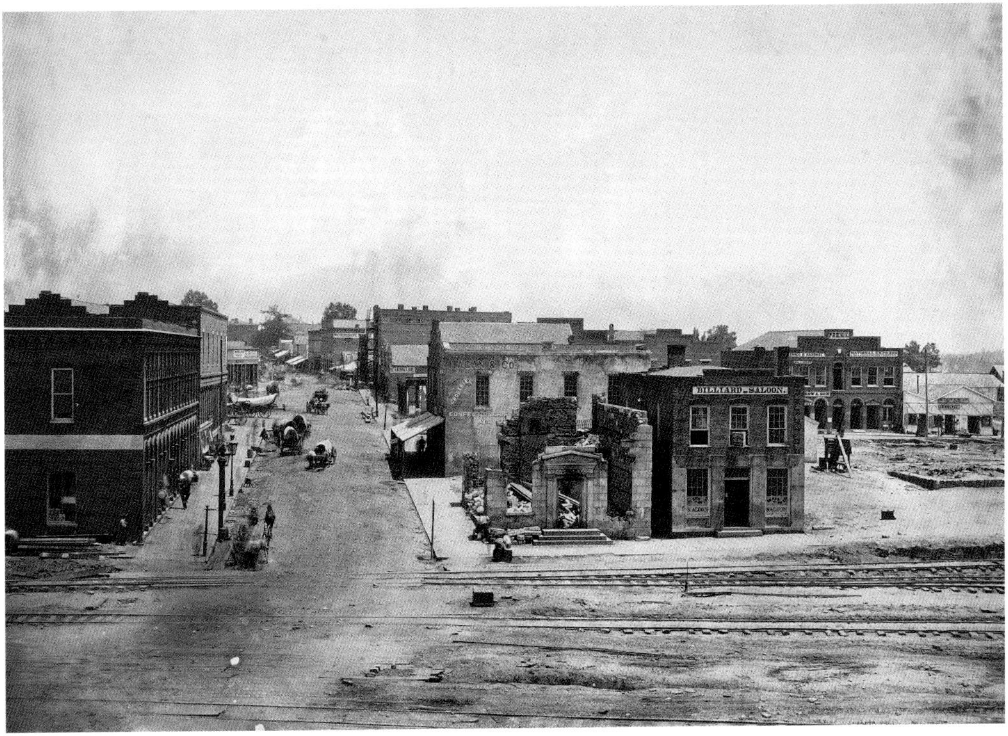

29. George N. Barnard
City of Atlanta, GA N° 2
1866

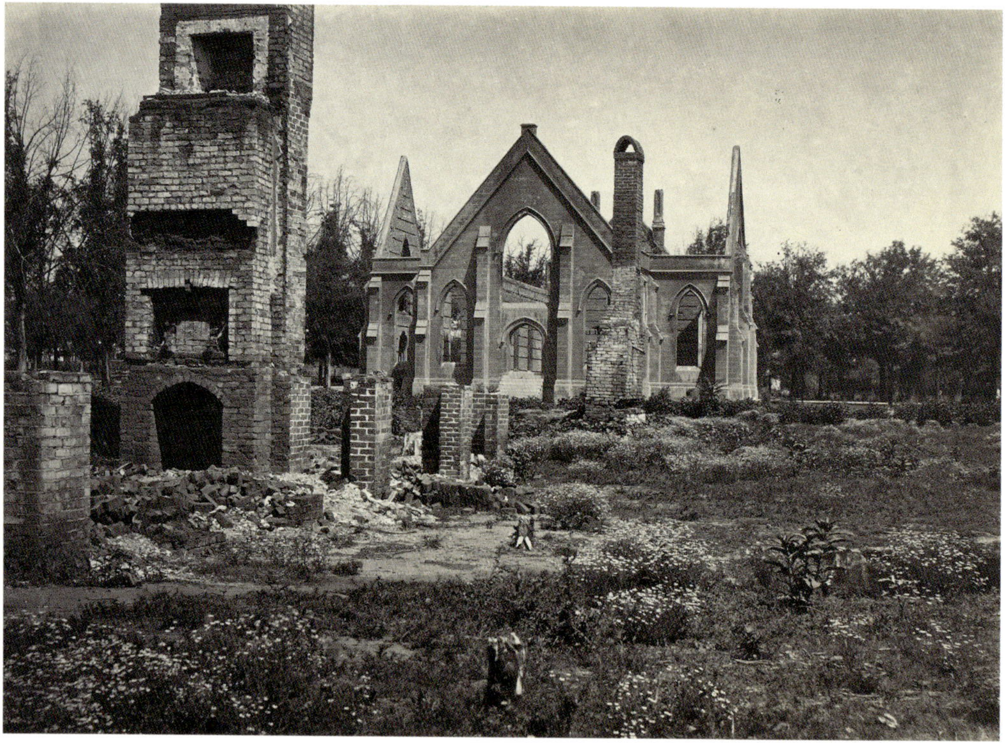

30. George N. Barnard
Ruins in Columbia, S.C.
1865

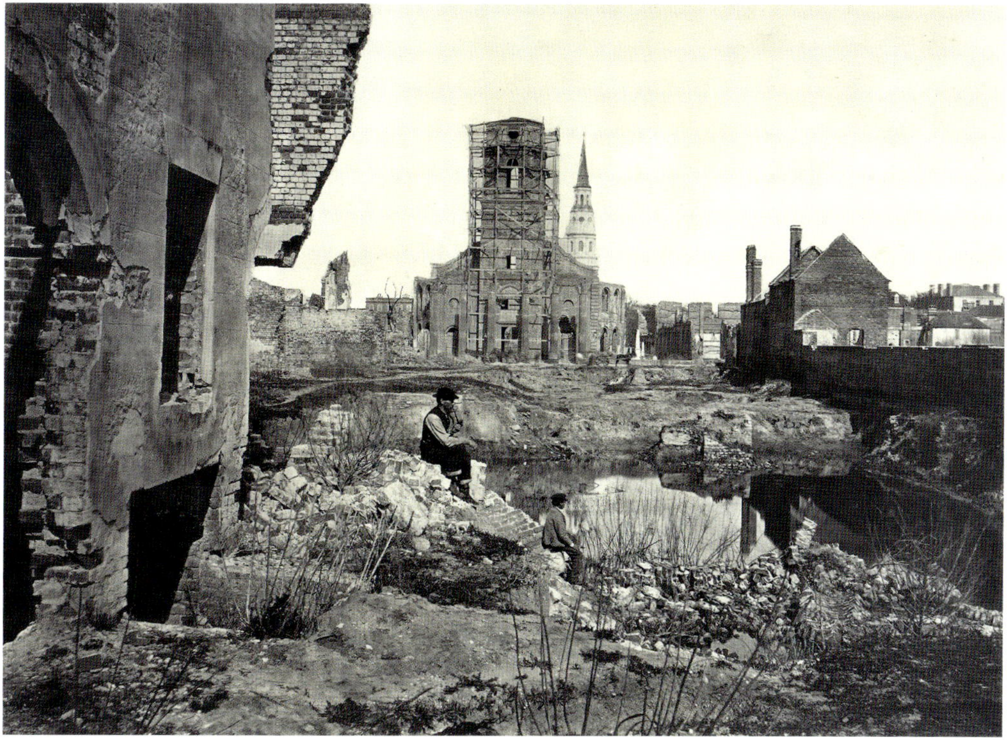

31. George N. Barnard
Ruins in Charleston, S.C.
1865/1866

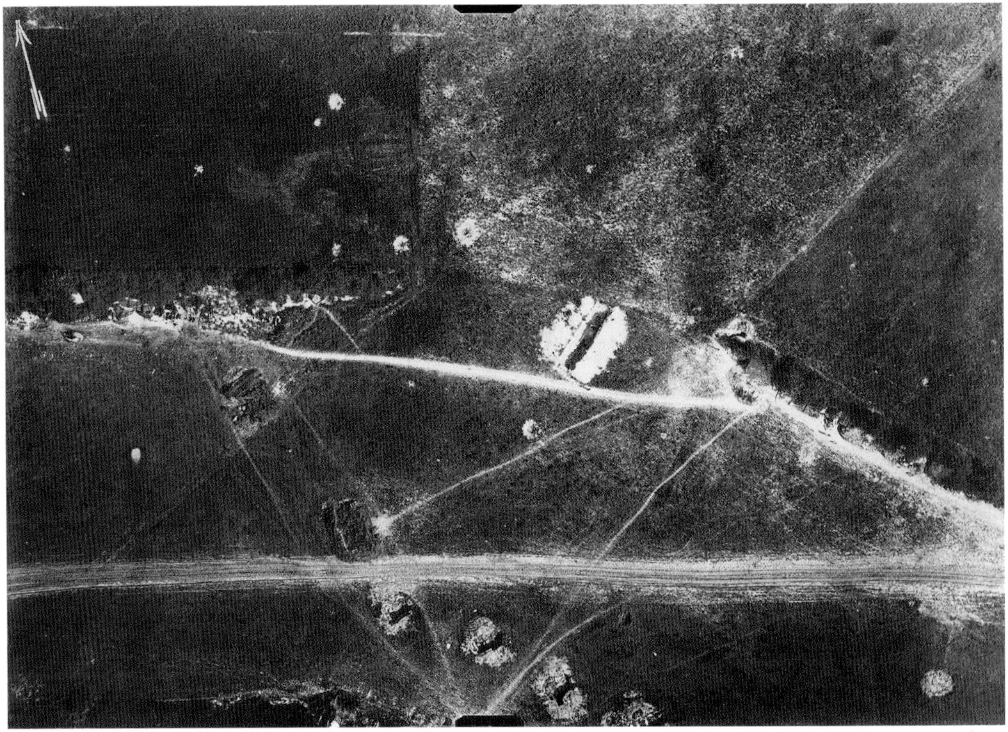

32. Anonyme
Vue aérienne du bois de Cartenoy
1917

33. Anonyme
Vue aérienne de Maissemy
1917

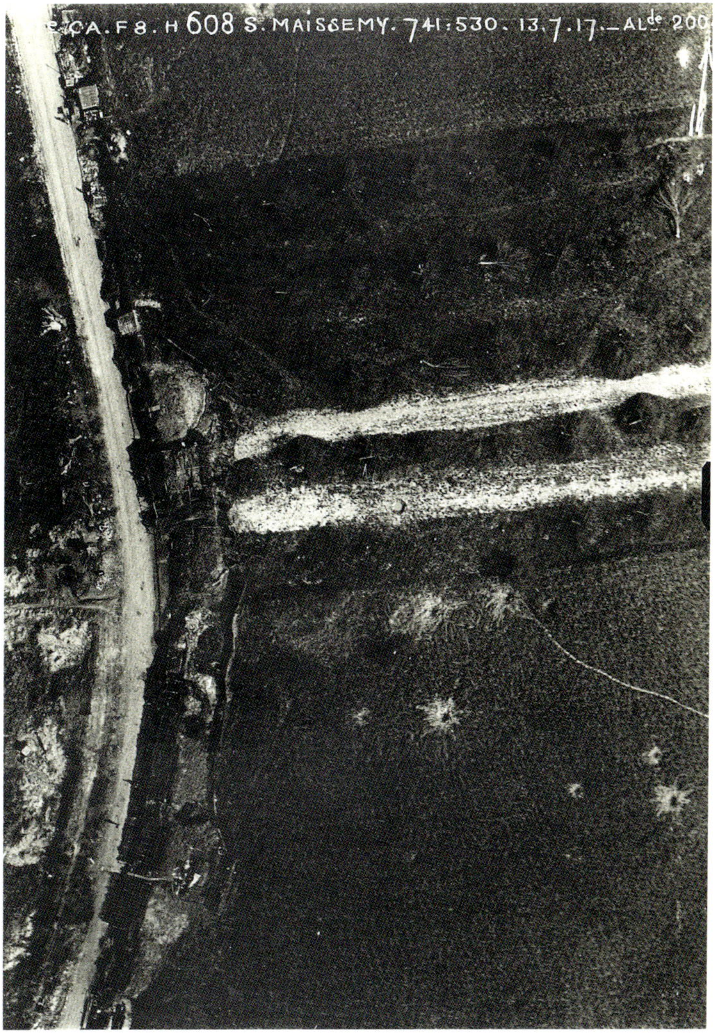

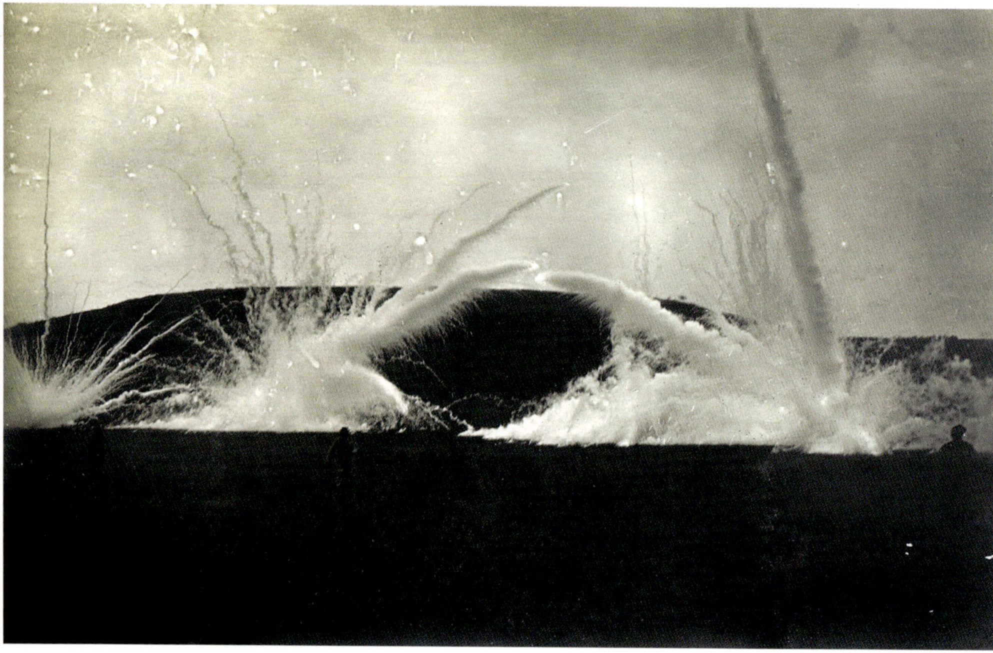

34. Anonyme
Explosion d'obus
1914-1918

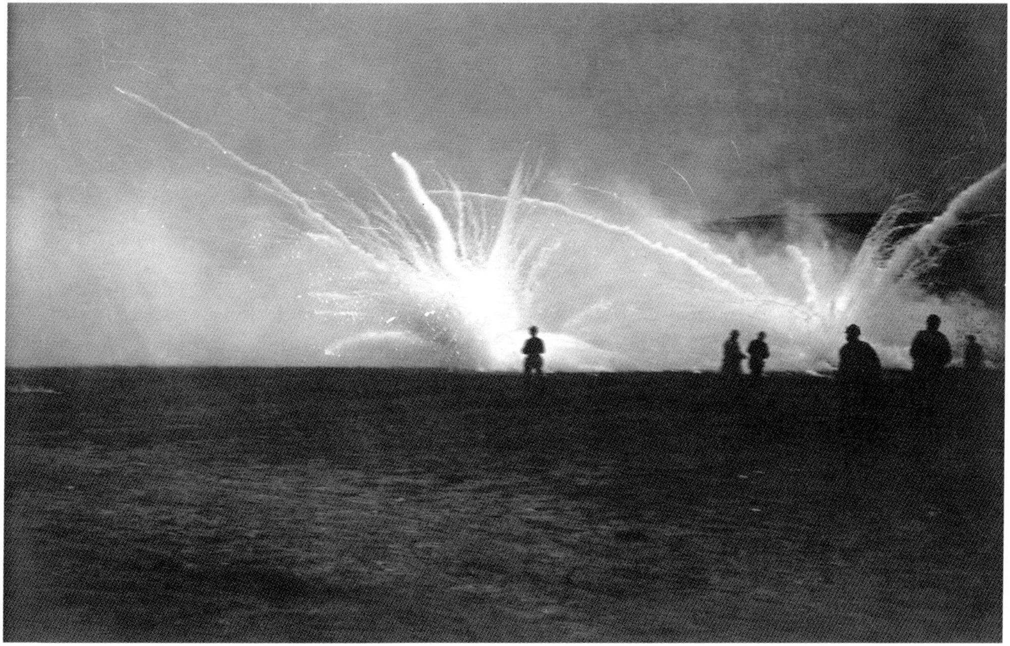

35. Anonyme
Explosion d'obus
1914-1918

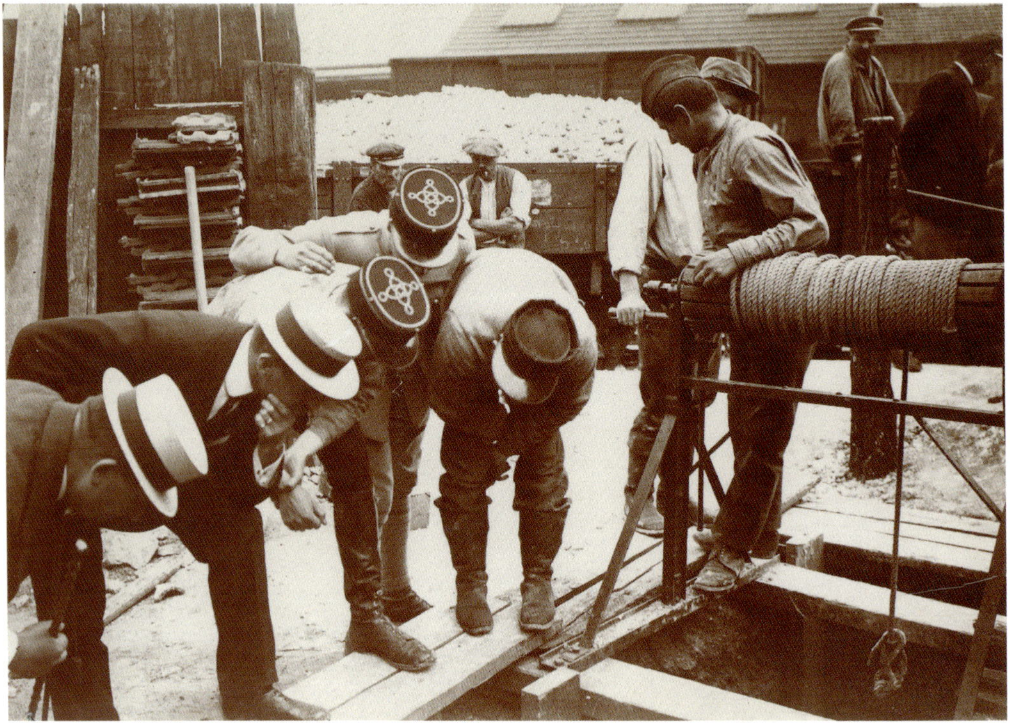

36. Charles Augustin Lhermitte
Opération de déminage pendant
la Première Guerre mondiale
1914-1918

37. Charles Augustin Lhermitte
Opération de déminage pendant la Première Guerre mondiale
1914-1918

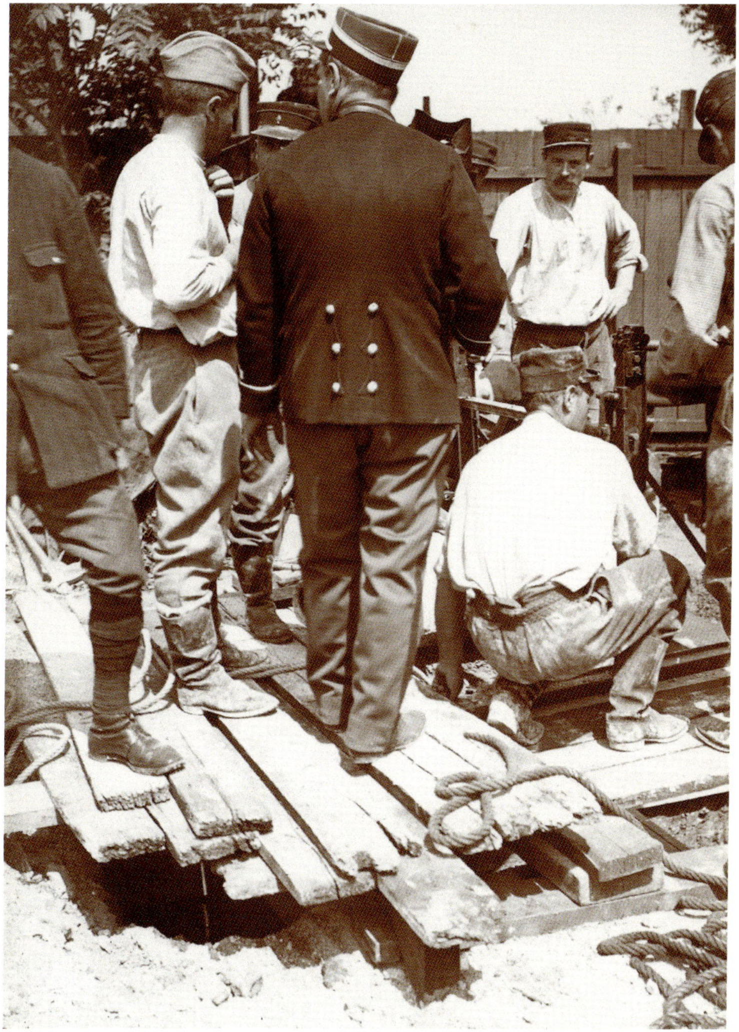

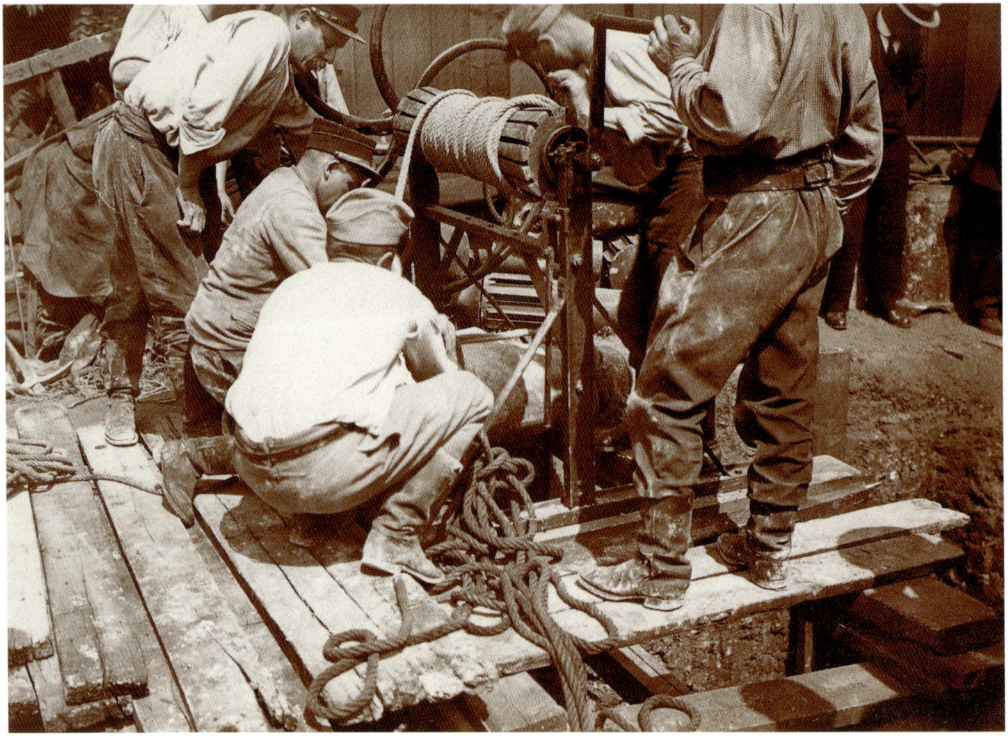

38. Charles Augustin Lhermitte
Opération de déminage pendant
la Première Guerre mondiale
1914-1918

39. Charles Augustin Lhermitte
Opération de déminage pendant la Première Guerre mondiale
1914-1918

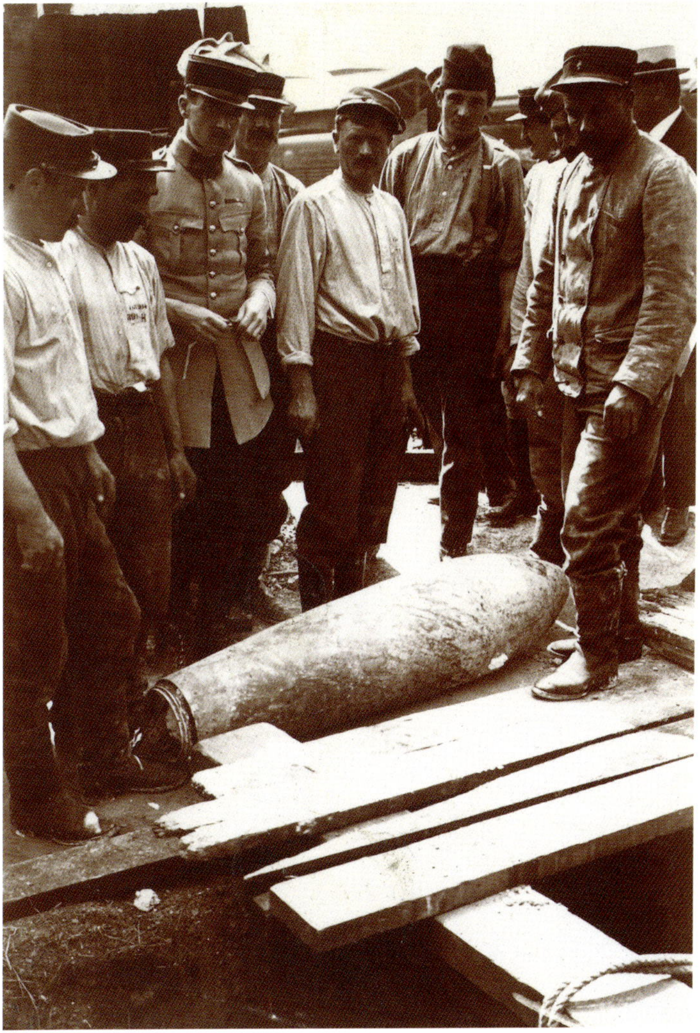

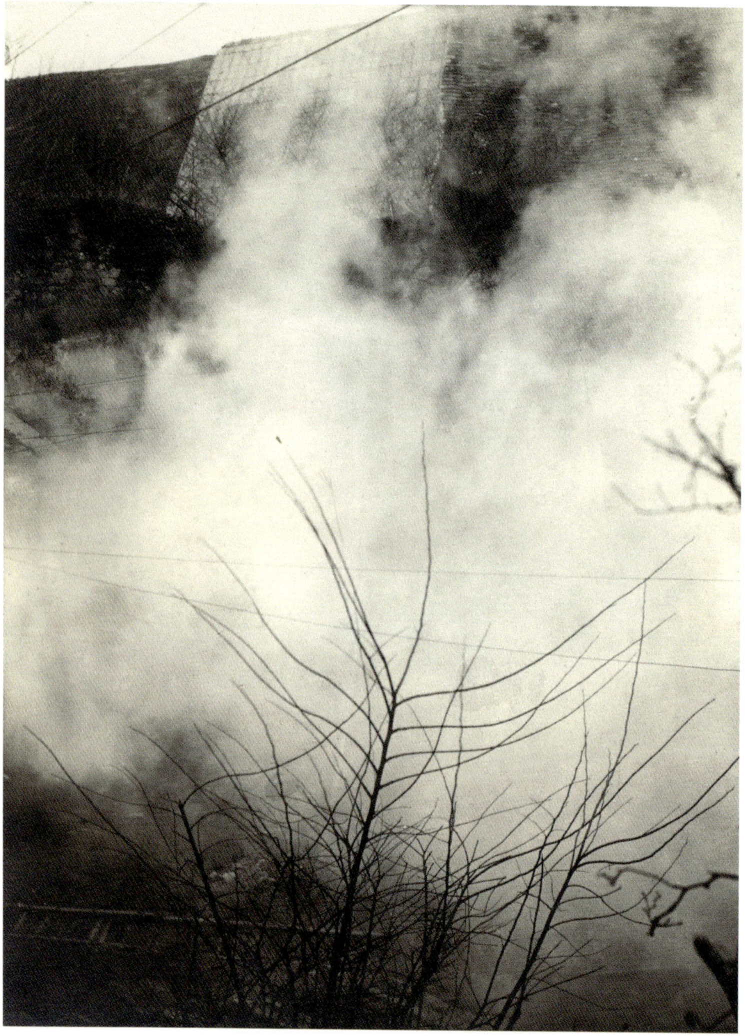

40. Anonyme
Explosion d'un obus dans notre cour de la Grande Roche
1915

41. Anonyme
Quatre Militaires dans une tranchée du secteur de Soupir
1915

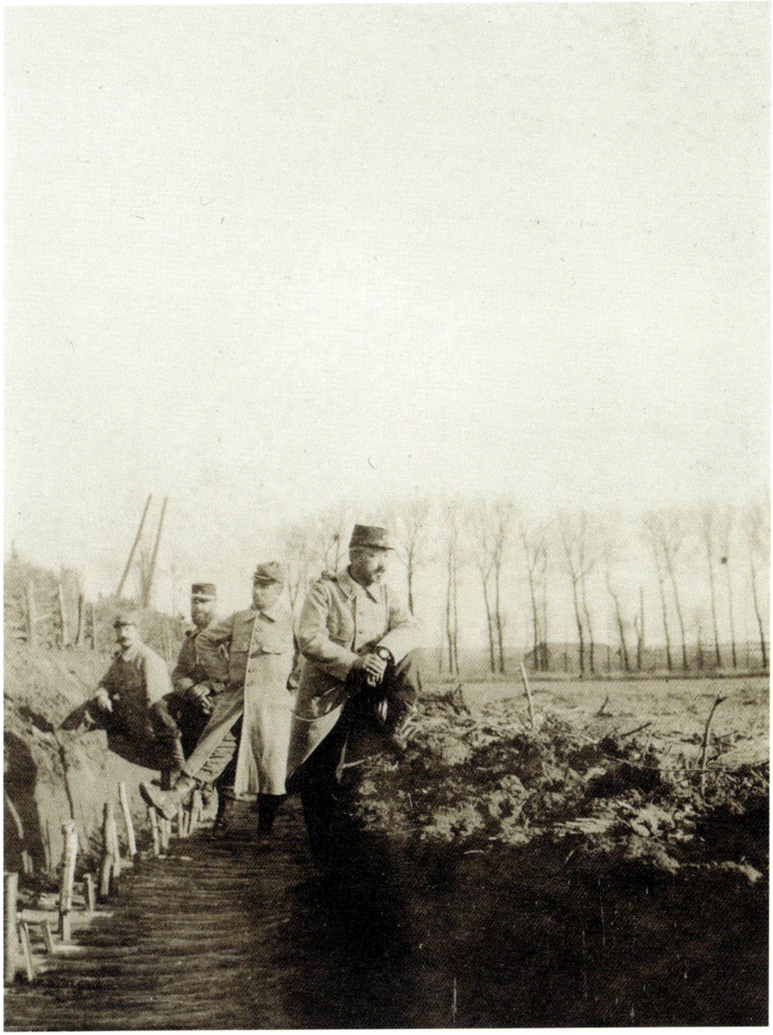

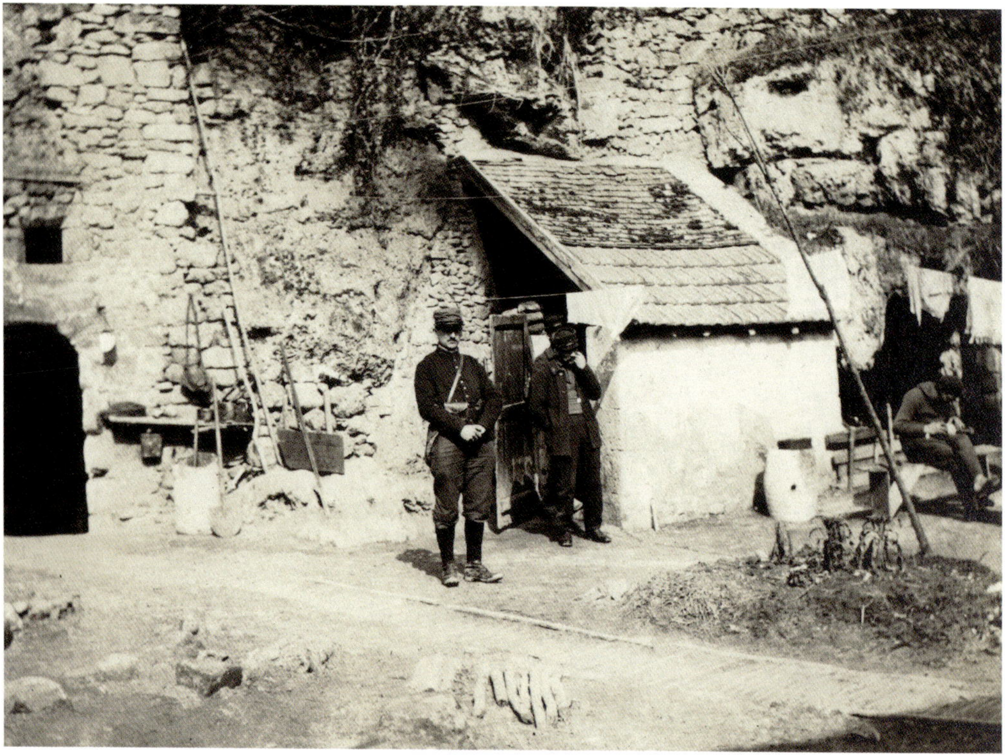

42. Anonyme
La Cour de notre maison
et la grotte des téléphonistes
1915

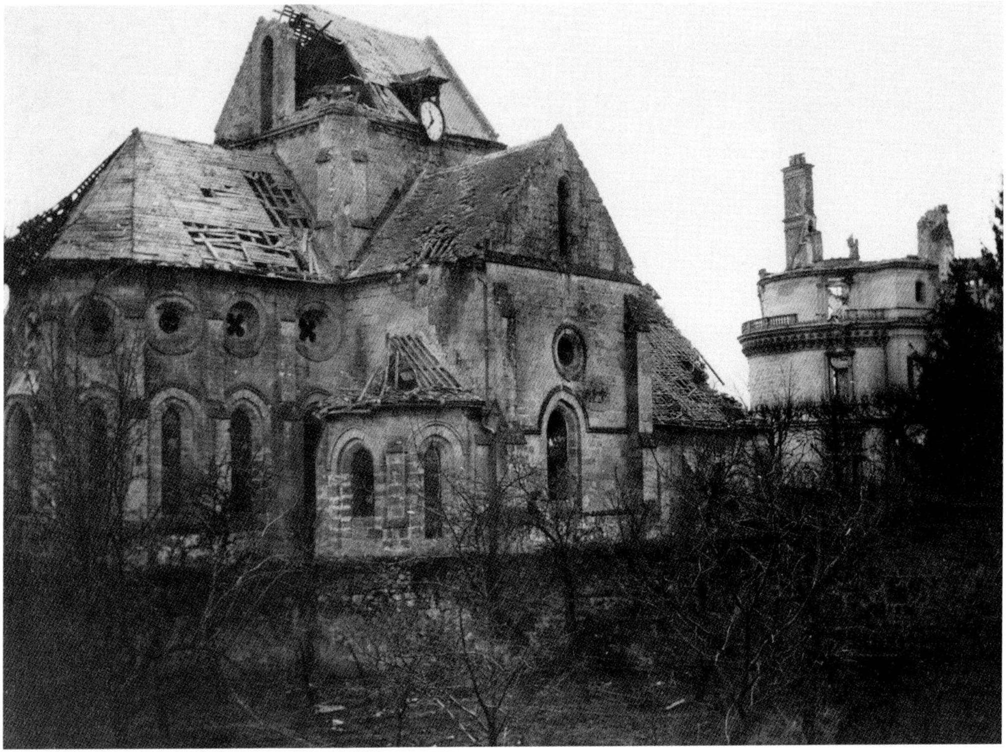

43. Anonyme
L'Église de Soupir et l'une des tours du château
1915

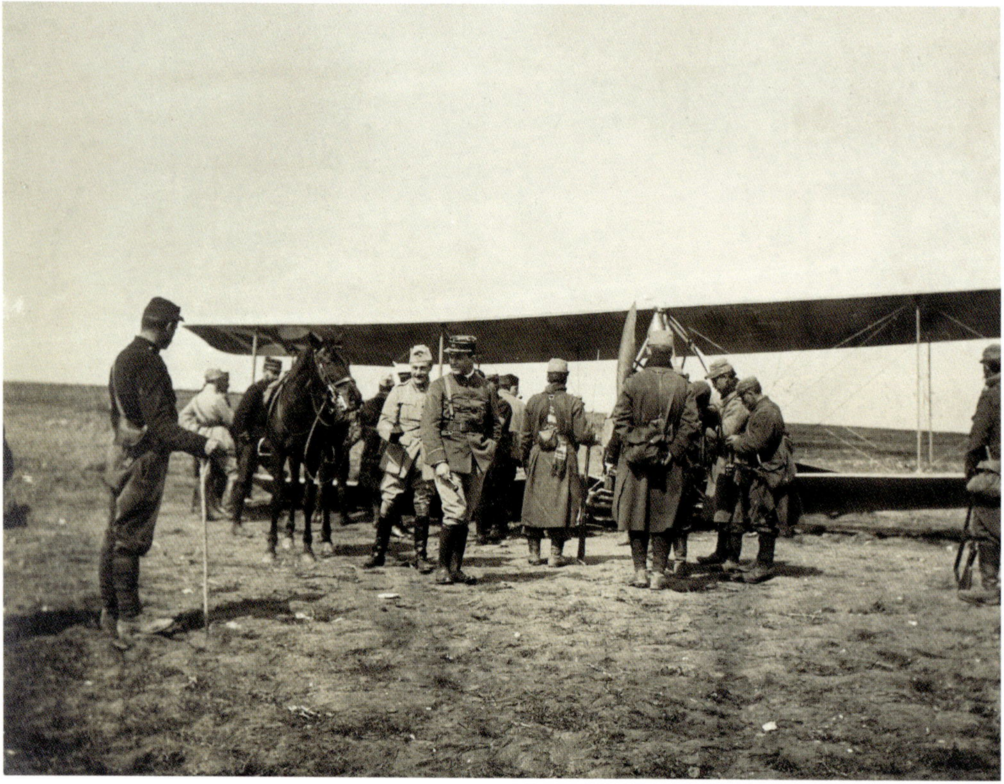

44. Anonyme
La Grande Roche. Prise d'un aéroplane allemand
1915

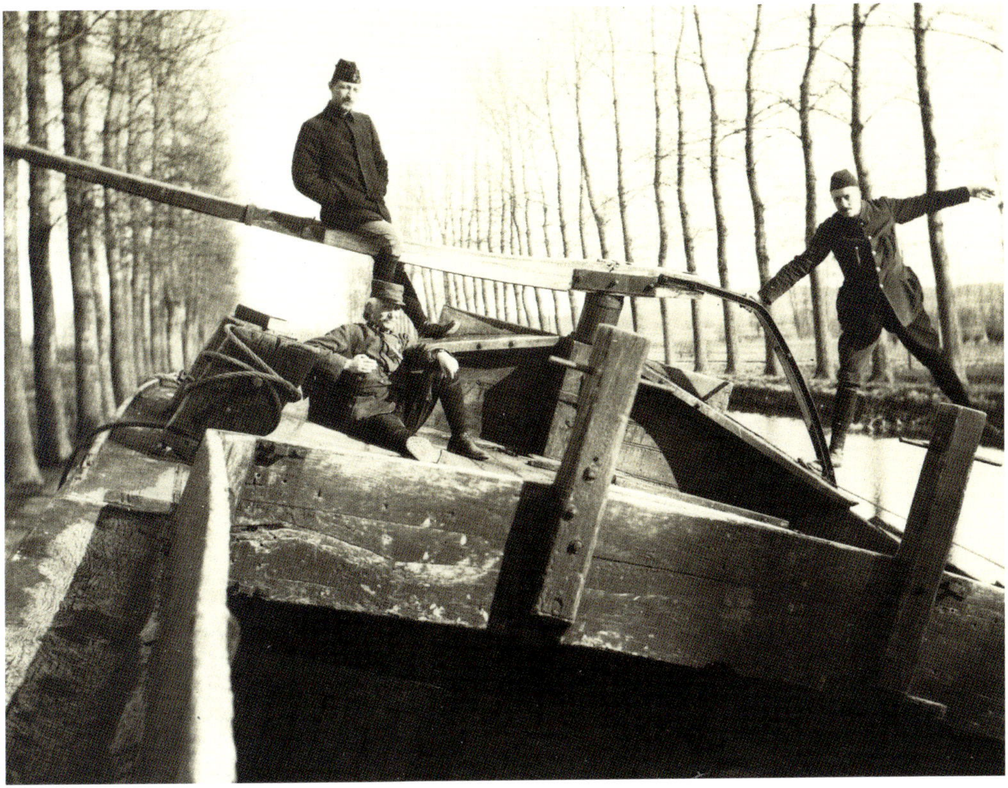

45. Anonyme
Péniche échouée près du pont du canal de Pont-Arcy. Le commandant Martin, le capitaine Caisez et Dormeuil
1915

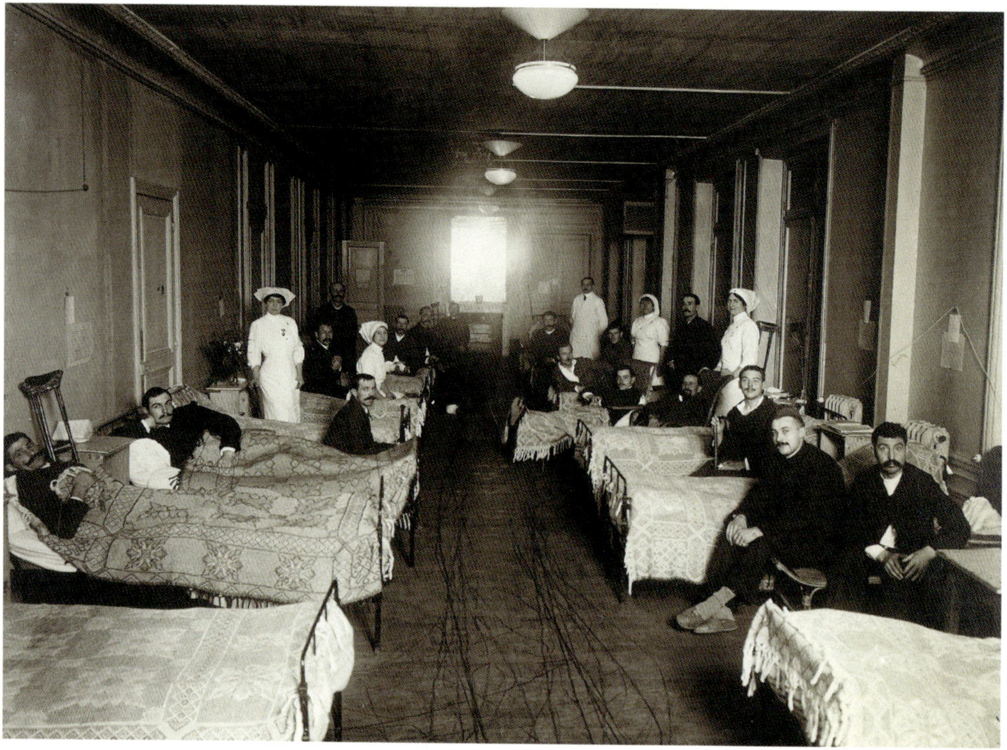

46. Henri Manuel
Malades et Infirmières dans une salle commune de l'hôpital
1916

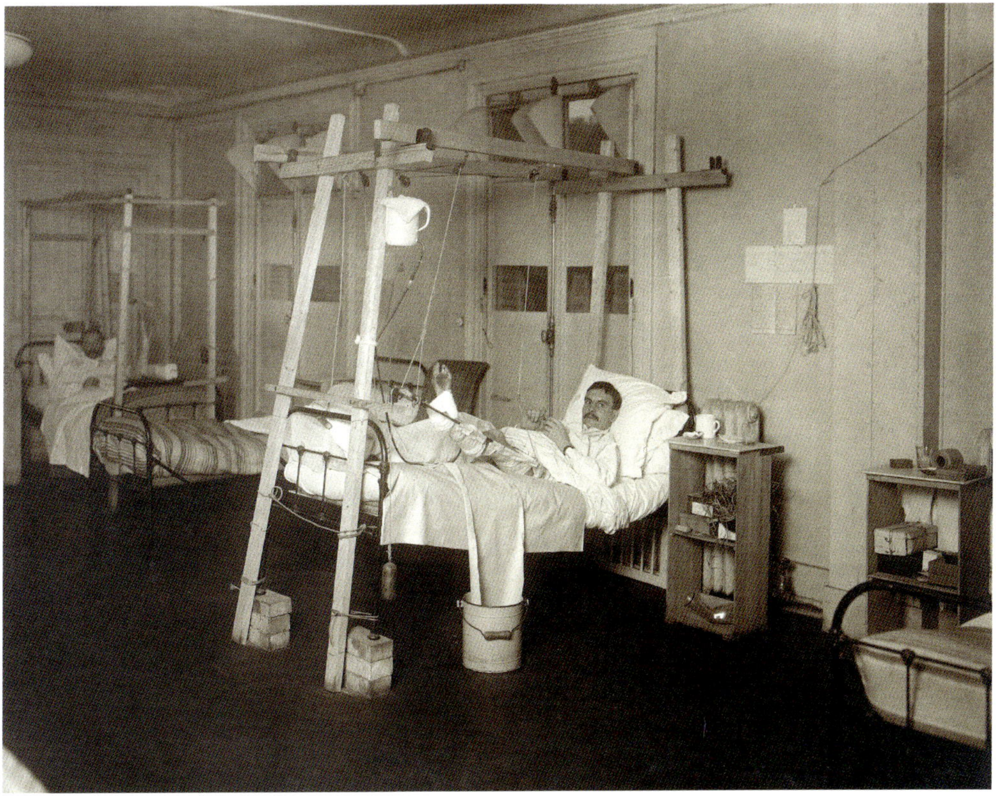

47. Henri Manuel
Blessé à la jambe sur son lit d'hôpital
1916

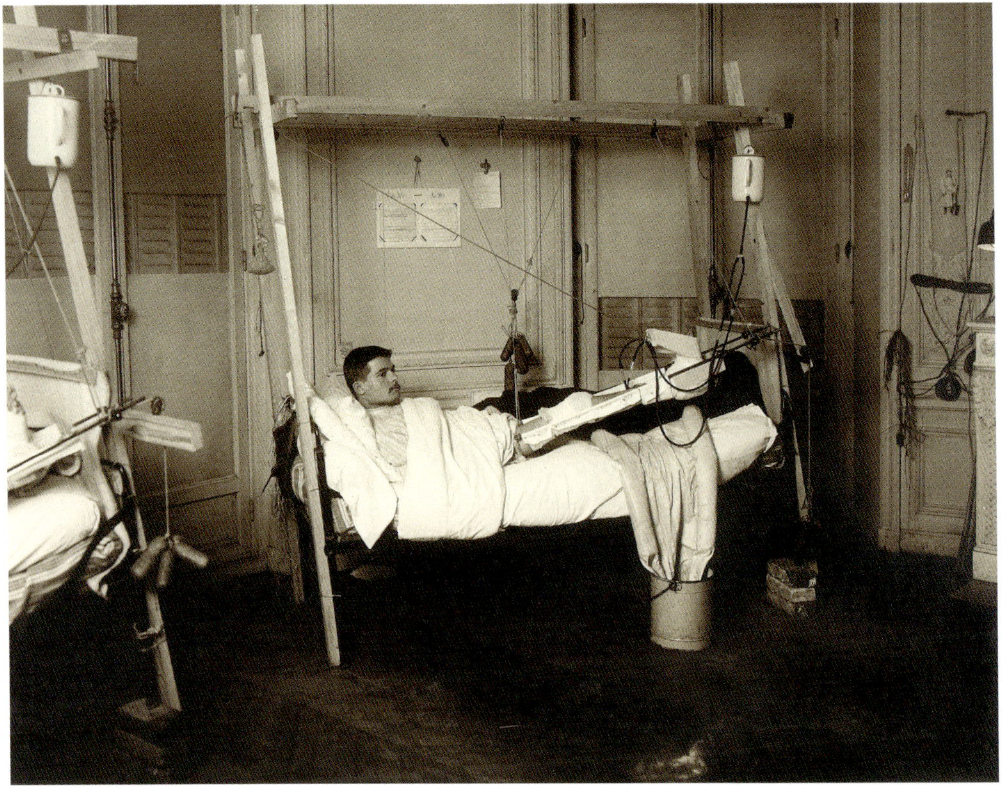

48. Henri Manuel
Blessé à la jambe sur son lit d'hôpital
1916

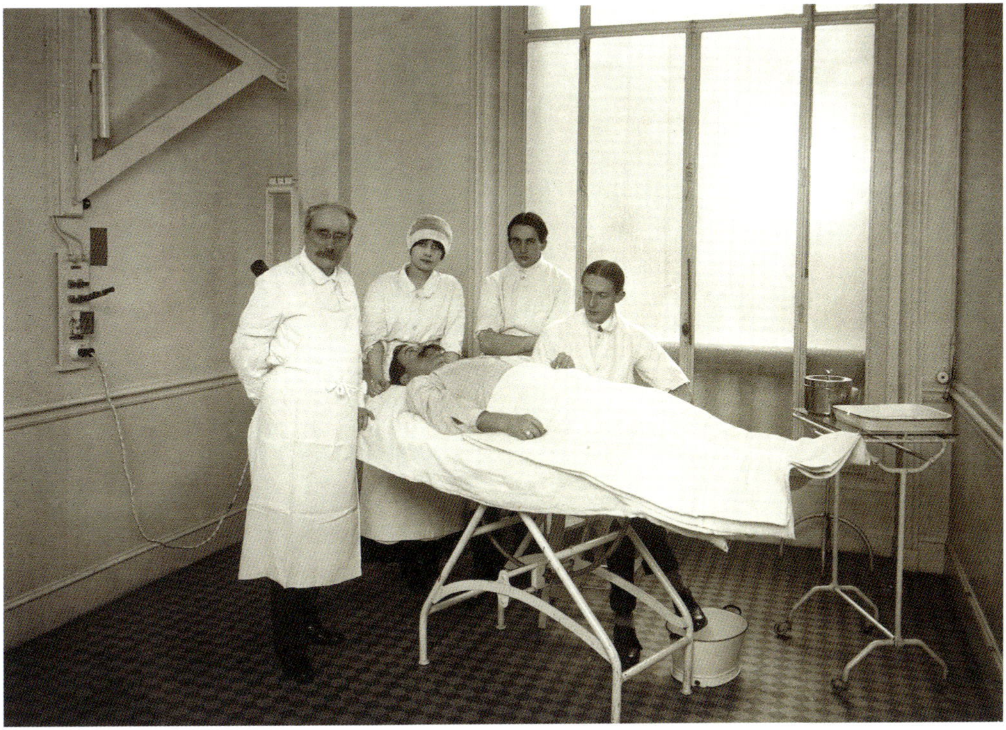

49. Henri Manuel
Un blessé sur la table d'opération, entouré de médecins
1916

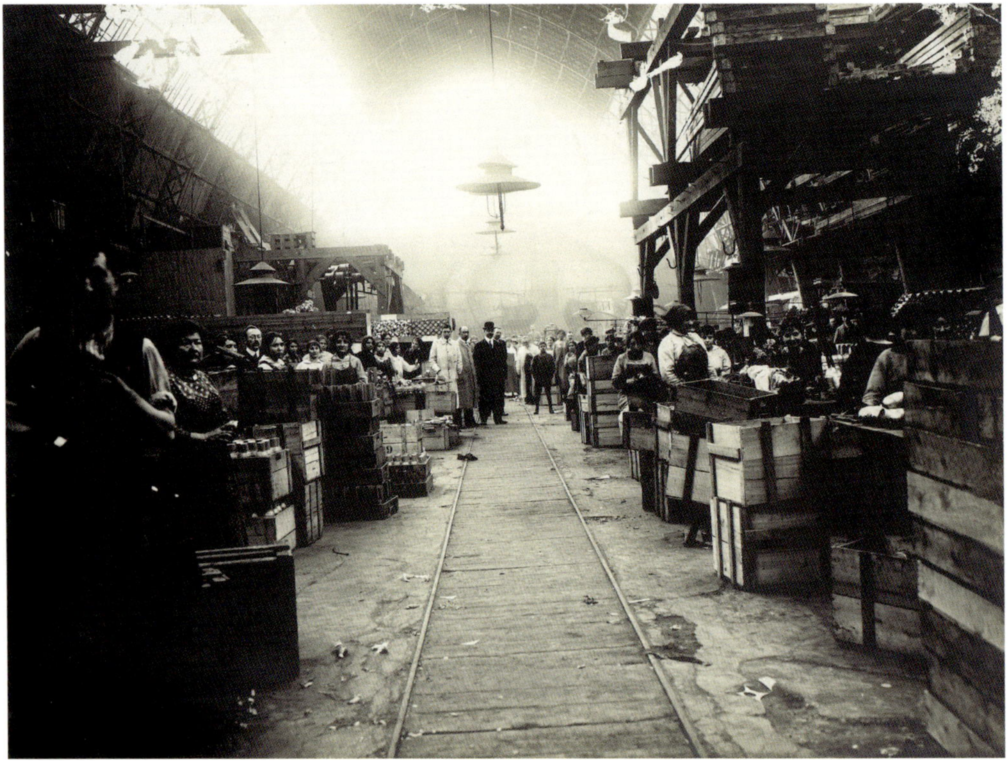

50. Anonyme
Femmes au travail dans les ateliers de la fonderie Monduit pendant la Première Guerre mondiale
1914-1918

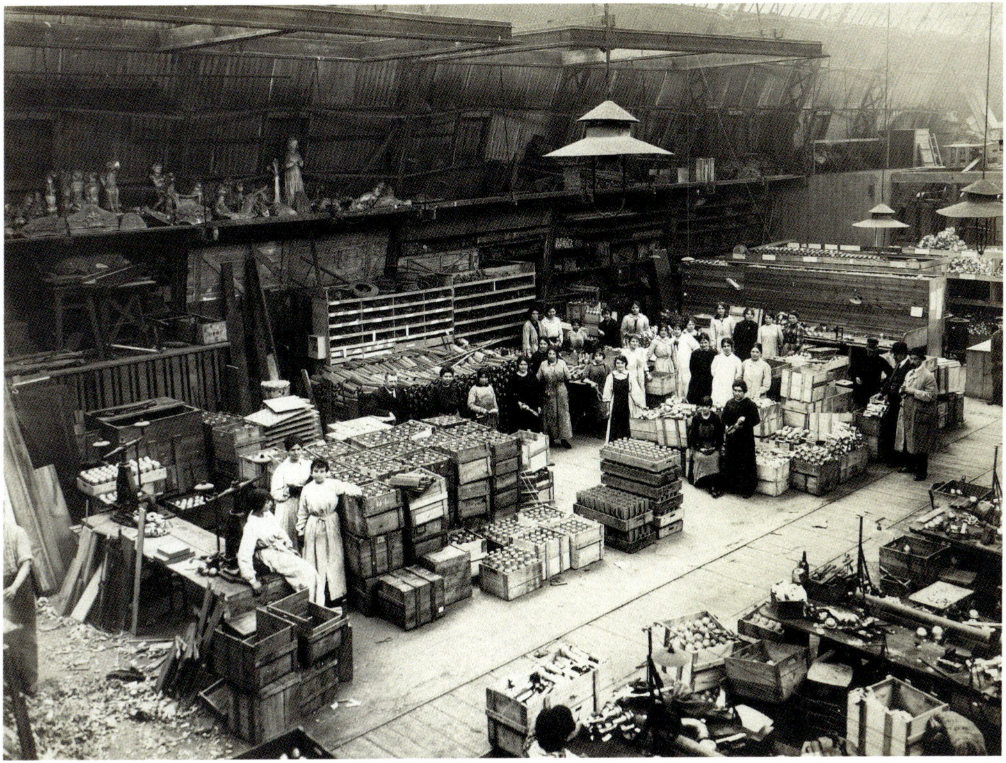

51. Anonyme
Femmes au travail dans les ateliers de la fonderie Monduit pendant la Première Guerre mondiale
1914-1918

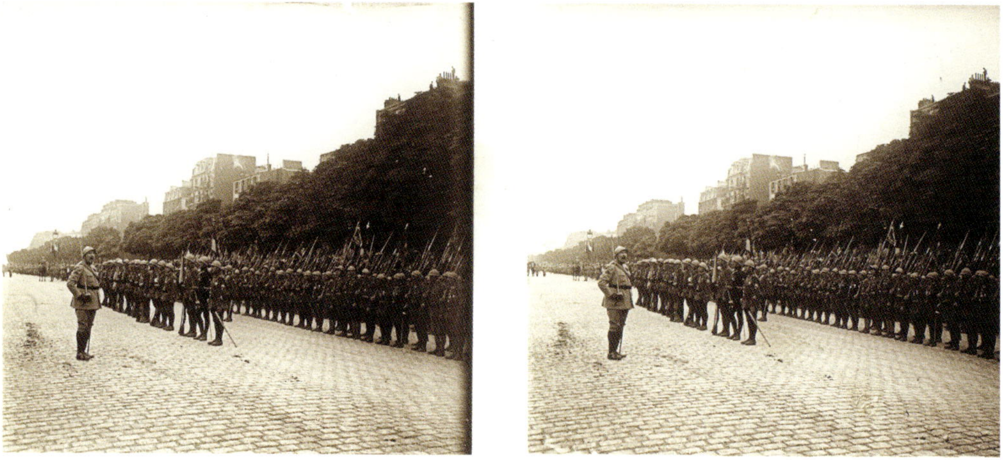

52. Anonyme
Quatorze Juillet
1917

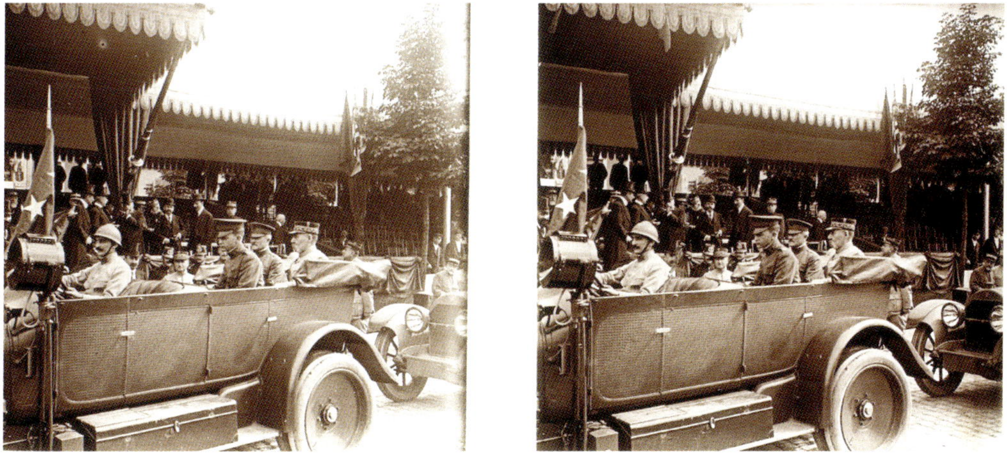

53. Anonyme
Quatorze Juillet
1917

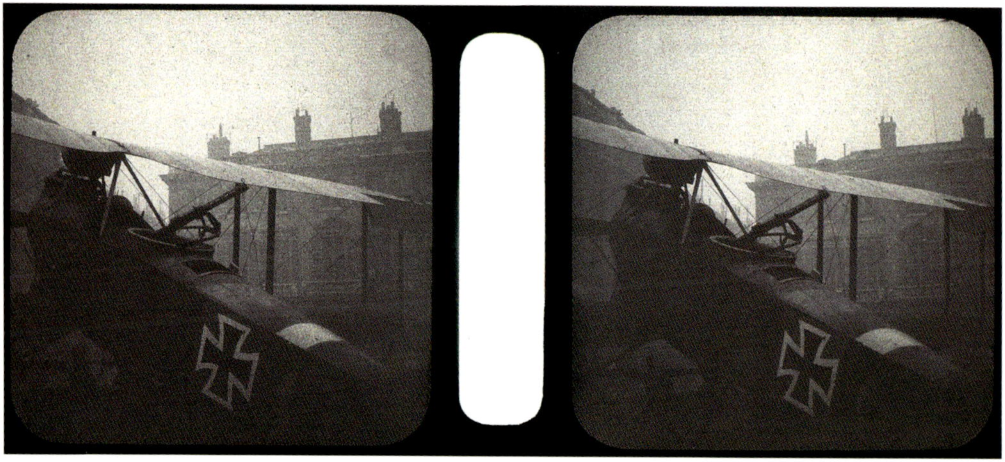

54. Étienne Clémentel
L'Armistice à Paris, 11 Novembre 1918, avion allemand
1918

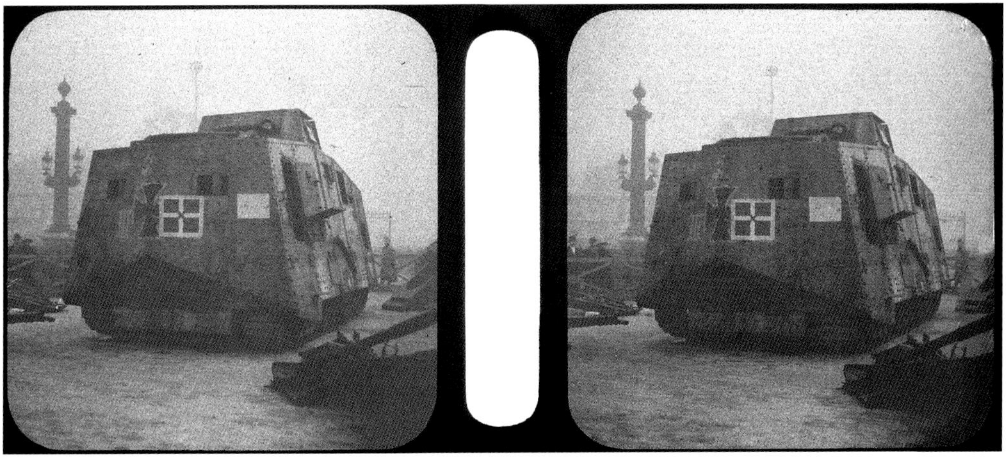

55. Étienne Clémentel
L'Armistice à Paris, 11 Novembre 1918, tank allemand
1918

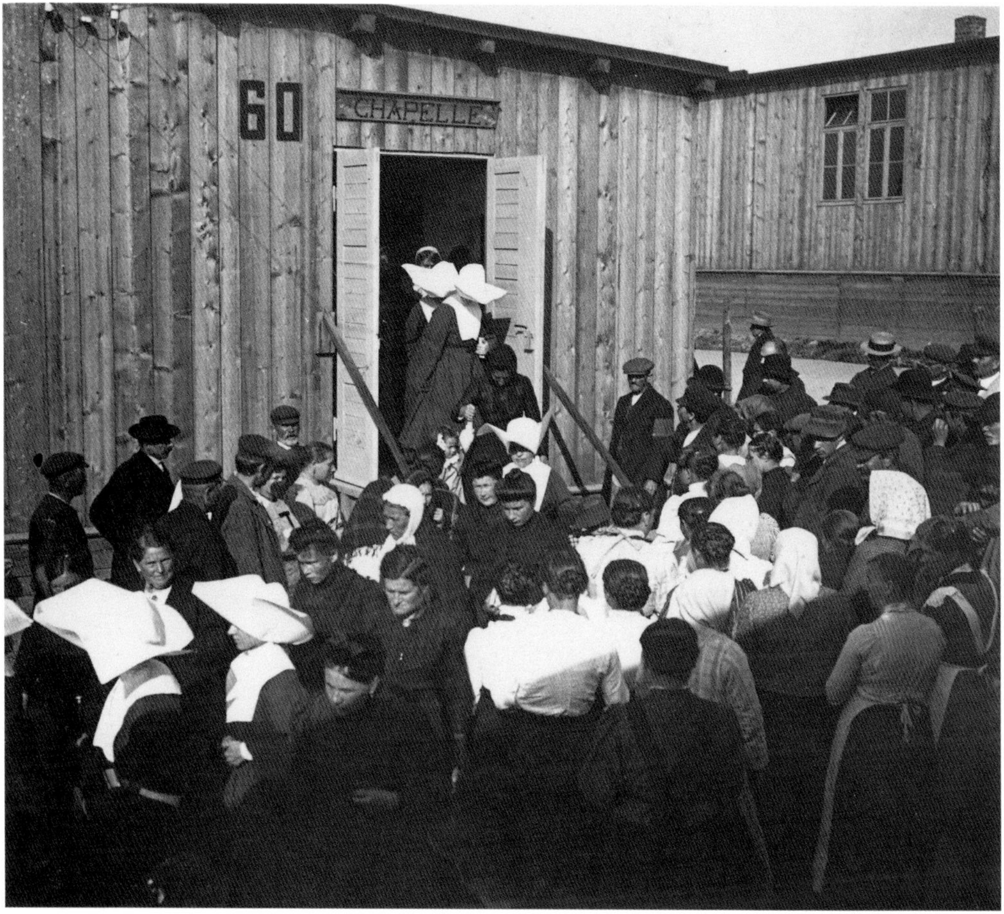

56. M. Boudinhou
Groupe de prisonniers devant le camp « 60 », Holzminden
1916

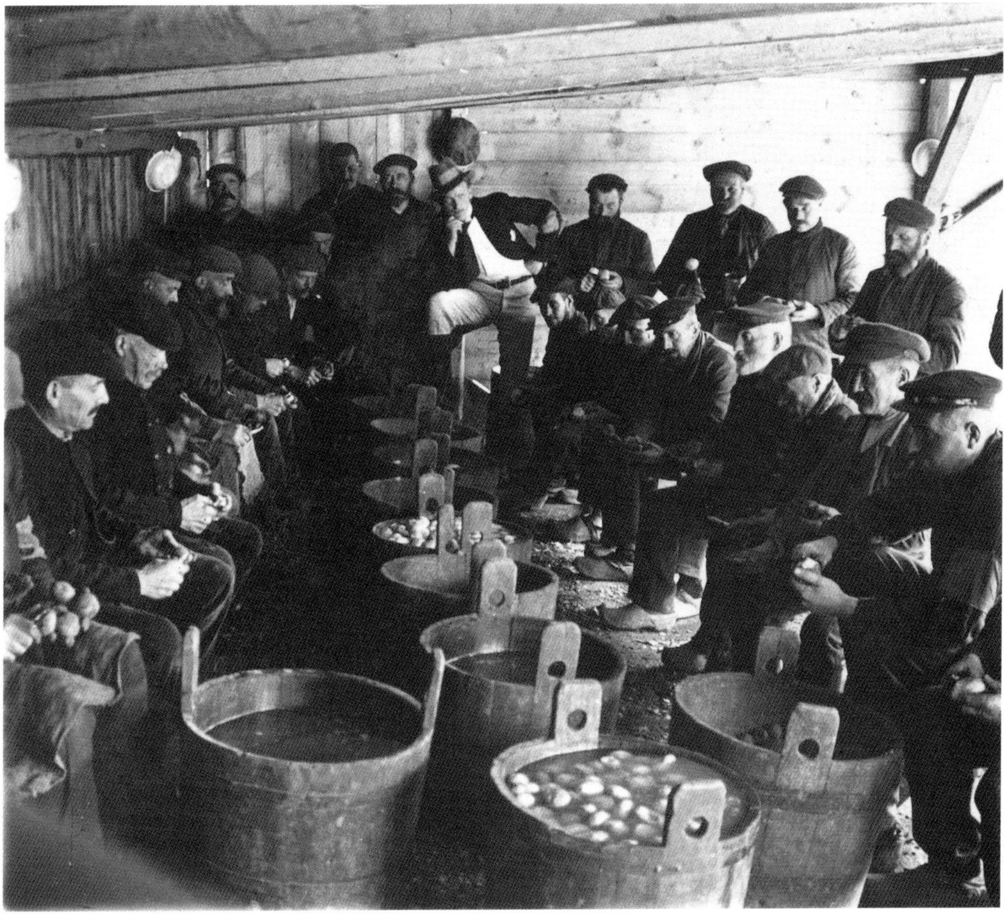

57. M. Boudinhou
Hommes faisant la cuisine dans le camp, Holzminden
1916

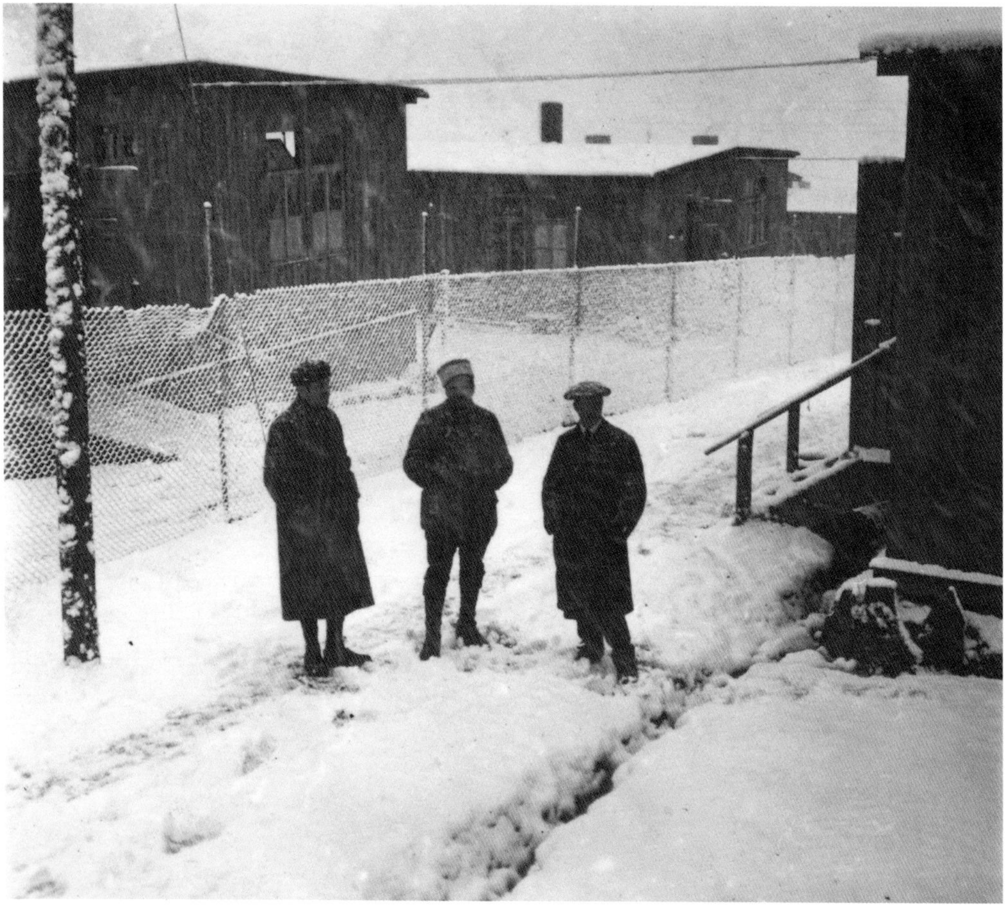

58. M. Boudinhou
Trois Hommes dans la cour
du camp sous la neige, Holzminden
1916

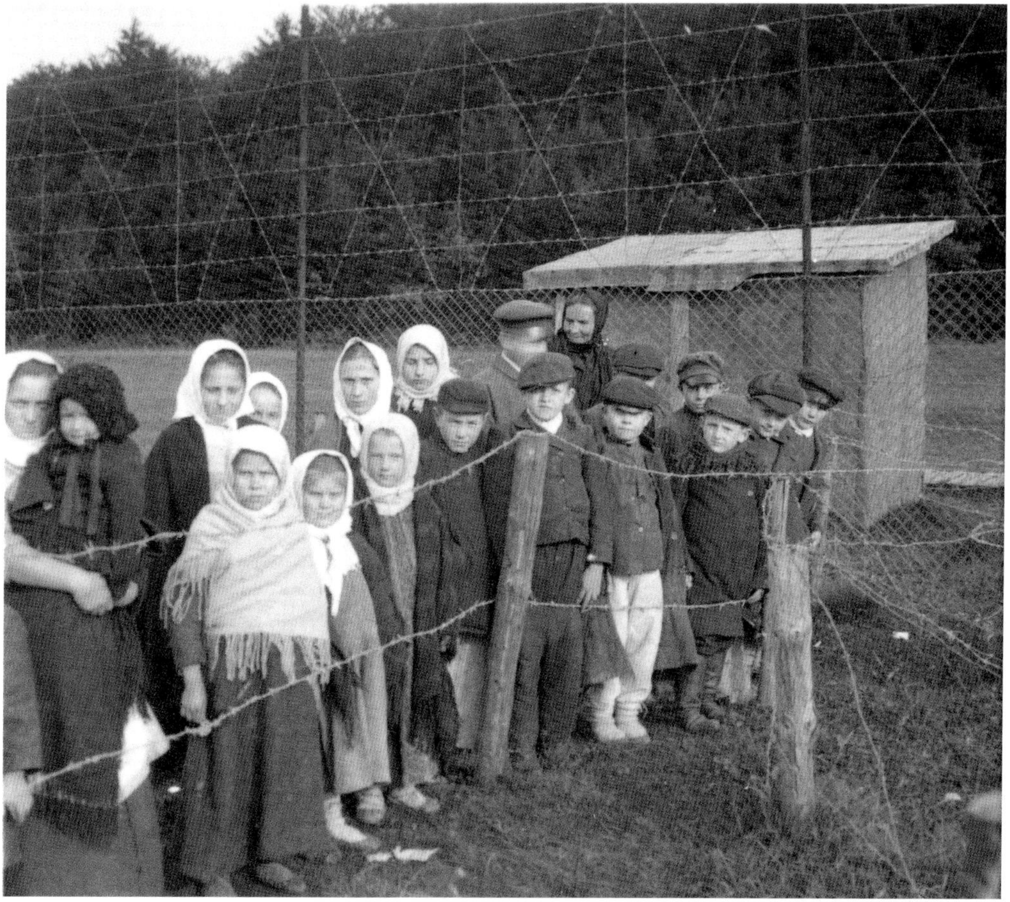

59. M. Boudinhou
Femmes et Enfants dans la cour du camp, Holzminden
1916

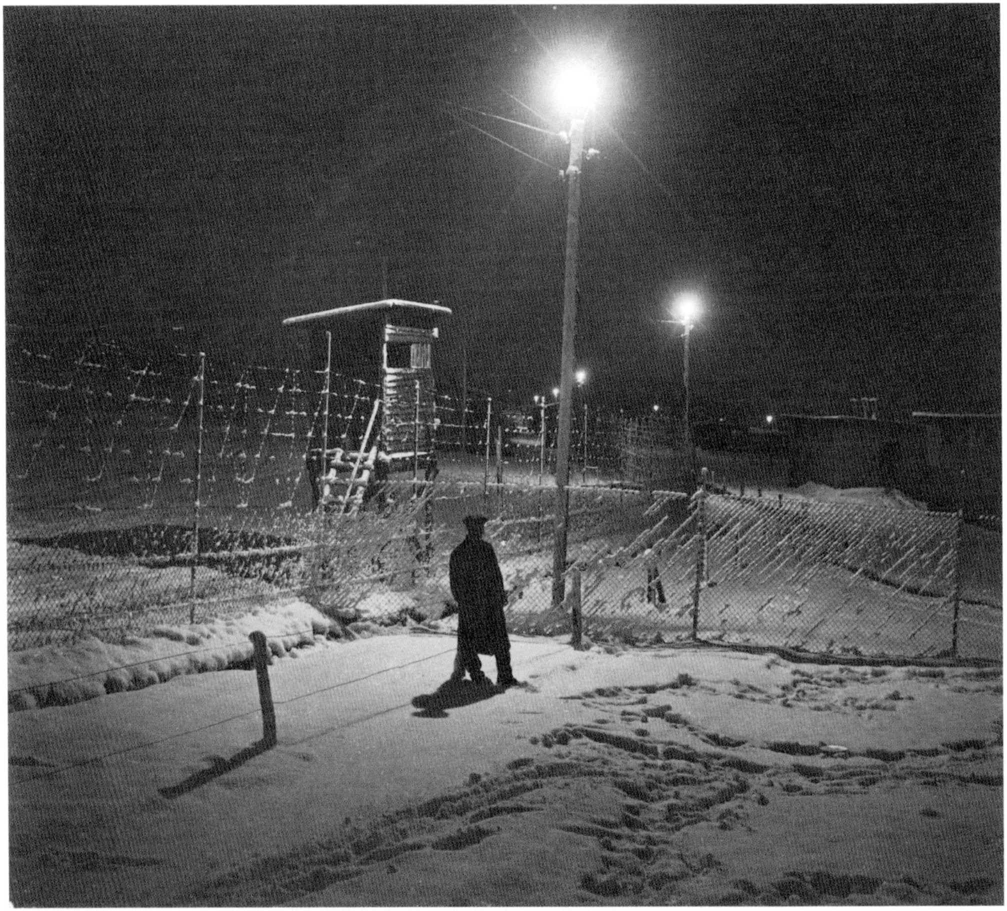

60. M. Boudinhou
Sentinelle du camp
dans la nuit, Holzminden
1916

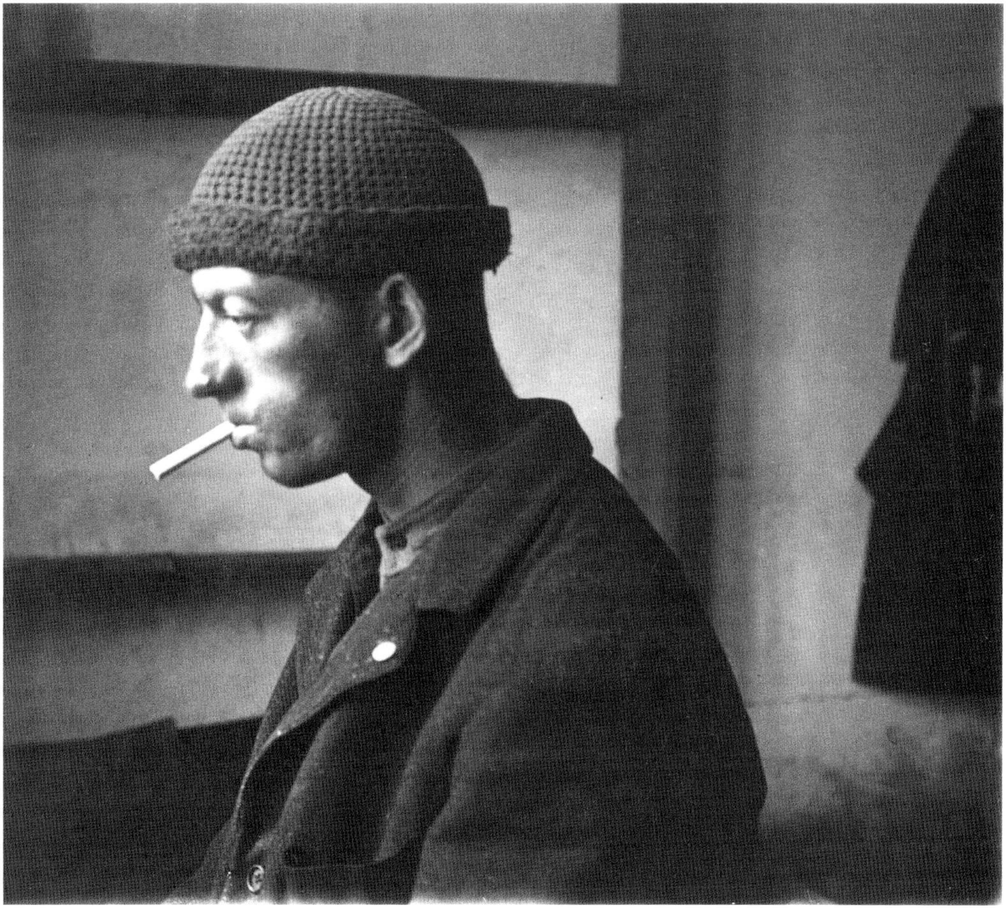

61. M. Boudinhou
Jeune Homme de profil fumant,
en buste, Holzminden
1916

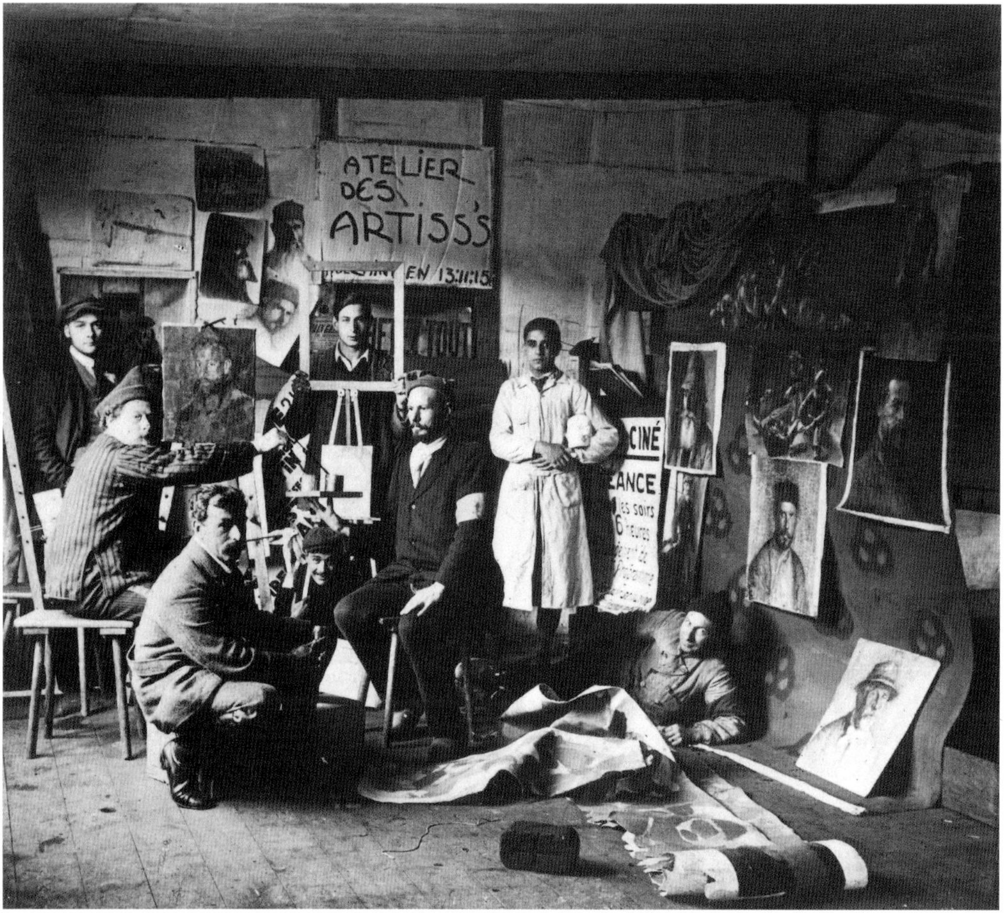

62. M. Boudinhou
Hommes dans l'atelier de peinture du camp, Holzminden
1916